Rodbertus

der Begründer

des wissenschaftlichen Sozialismus.

Rodbertus,

der Begründer

des wissenschaftlichen Sozialismus.

Eine sozial-ökonomische Studie

von

Dr. Georg Adler.

Leipzig,
Verlag von Duncker & Humblot.
1884.

Seinen vielgeliebten Eltern

in dankbarer Verehrung

zugeeignet

vom

Verfasser.

Vorwort.

Rodbertus ist als Nationalökonom nach drei Seiten hin thätig gewesen: nach der „grundlegenden", nach der volkswirtschaftsgeschichtlichen und nach der agrarpolitischen. So hoch auch seine Verdienste in den beiden letzteren Zweigen der wissenschaftlichen Betrachtung der Volkswirtschaft angeschlagen werden mögen, — die Bedeutung Rodbertus' als eines ökonomischen Klassikers, der seinen Platz neben einem Smith und Ricardo verdient, liegt in seinen Werken über die Organisation der Volkswirtschaft. Auf diesem Gebiete ist er der Erste gewesen, welcher ein wirklich durch und durch wissenschaftliches sozialistisches System aufgestellt hat, kann er als der Begründer des wissenschaftlichen Sozialismus gelten. Als solchen ihn darzustellen, seine Sozialtheorie in ihren Hauptpunkten systematisch zu entwickeln, ihre Quellen und Keime in der vorangegangenen ökonomischen und sozialistischen Literatur nachzuweisen, endlich jene Theorie möglichst eingehend zu kritisiren — das ist die Aufgabe, zu deren Lösung beizutragen ich in der vorliegenden Schrift mich bemüht habe. In der Durchführung dieser schwierigen Arbeit bin ich von meinem hochverehrten Lehrer, Herrn Professor Dr. W. Lexis, in der liebenswürdigsten Weise durch mannichfache Winke unterstützt worden. Ihm sei daher an dieser Stelle mein herzlichster Dank ausgesprochen.

Posen, im August 1883.

Georg Adler.

Inhalt.

Mit Rodbertus beginnt eine neue Epoche in der Geschichte des Sozialismus.

Bis dahin hatte dieser den Vereinigungspunkt mit der ökonomischen Wissenschaft nicht gefunden, er hatte noch nicht verstanden, deren unleugbare, positive Resultate sich zu eigen zu machen und auf ihnen fortzubauen.

Man kann deshalb mit Recht den Sozialismus in seiner ganzen Entwicklung bis gegen die Mitte unseres Jahrhunderts als den nicht-wissenschaftlichen charakterisiren.

Erst mit Proudhons Schriften über das „Eigentum" (1840) und über die „Widersprüche der Nationalökonomie" (1846) wird der Umschwung angebahnt, der dann durch Rodbertus vollendet wird. Jener geistreiche Franzose ist der erste, welcher den Anlauf zur wissenschaftlich-sozialistischen Erklärung der wirtschaftlichen Erscheinungen des herrschenden Systems der freien Konkurrenz gemacht hat.

Daß Proudhons Versuch nicht zum Ziele geführt hat, ist vor Allem seiner mystischen Philosophie zuzuschreiben, die sich bei ihm in Alles mischt und nirgends die ökonomischen Auseinandersetzungen recht hervortreten läßt. Unserem deutschen Denker war es vorbehalten, den Sozialismus in jene Bahnen zu lenken, die diesem die Anerkennung als einer wahrhaft sozial-wissenschaftlichen Richtung sichern. Rodbertus erklärt ausdrücklich, daß er sich auf Smiths und Ricardos grundlegende Lehre vom Wert stütze und aus derselben nur alle Konsequenzen ziehe. Seine ganze Behandlung der wirtschaftlichen Probleme hält sich fern von den Deklamationen der Franzosen, um in würdiger, auf eingehenden Studien beruhender Weise das Sezirmesser der Kritik an die gesellschaftlichen Verhältnisse der Gegenwart zu legen. Von diesem Augenblicke an hörte der Sozialismus auf, eine Utopie zu sein: er war jetzt zur Theorie geworden. Rodbertus' Sozialsystem, welches wir in Folgendem entwickeln, kritisiren und auf seine Quellen zurückführen wollen, ist die erste sozialistische Theorie im eigentlichen Sinne des Wortes.

Vorbemerkung.

Die große Bedeutung von Rodbertus als Nationalökonom und speziell als extrem-sozialistischer Theoretiker ist erst in allerneuester Zeit ins rechte Licht gesetzt worden. Vor Allem ist dies Adolf Wagner, dem berühmten Theoretiker des Staatssozialismus, zu verdanken. Nachdem derselbe schon in seiner volkswirtschaftlichen „Grundlegung" mehrfach auf den Weisen von Jagetzow hingewiesen, hat er seine wissenschaftlichen Verdienste in einem besonderen Aufsatz (in der Tübinger „Zeitschrift für die gesammte Staatswissenschaft" Jahrg. 1878 Bd. 34 S. 119—236), „Einiges von und über Rodbertus-Jagetzow", näher gewürdigt. Er erklärt ihn hier geradezu für den hervorragendsten Vertreter der rein ökonomischen Seite des wissenschaftlichen Sozialismus. Auch hat Wagner die Briefe von Rodbertus sowol an ihn selbst, wie an Dr. J. Zeller (Karlsruhe) und an den Architekten H. Peters (Schwerin) in der Tübinger Zeitschrift veröffentlicht.

Auch Pierstorff hat in seiner „Lehre vom Unternehmergewinn" (1875) der Rodbertus'schen Theorie, wenigstens seiner Kritik der bestehenden Wirtschaftsverhältnisse, eine ganz besondere Aufmerksamkeit gewidmet und dieselbe zum Teil anerkannt.

Endlich hat Rudolf Meyer, der Verfasser des „Emanzipationskampfes des vierten Standes", den Ruhm von Rodbertus verkündet, allerdings ohne bei seinem Mangel an theoretischen Kenntnissen allzuviel Verständnis für dessen Lehre zu verraten. Durch die Herausgabe der Briefe von Rodbertus an ihn, wie der von demselben in der „Berliner Revue" veröffentlichten sozialpolitischen Aufsätze hat Meyer auf unsern Dank Anspruch. Leider hat er die Rodbertus'schen Briefe mit einer Reihe von höchst überflüssigen Zusätzen versehen, die teils albern, teils bissig, teils beides zugleich sind.

Neuerdings hat Kozak die sozialökonomischen Ansichten von Rodbertus in einem gleichnamigen Buche zusammengestellt (1882). Es sollen demselben noch zwei Teile folgen, deren erster „Rodbertus-Jagetzow's Kritik seiner Vorgänger und Darstellung seiner Methode" und deren zweiter „Beiträge zur Prüfung der sozialökonomischen Ansichten Rodbertus'" liefern soll.

So wird heute Rodbertus immer mehr als der erste Begründer der deutschen sozialistischen Theorie anerkannt, z. B. auch von Brentano (in Schönbergs Handb. der polit. Oekonomie S. 936—937), der auch die an Jenen sich anschließende staatssozialistische Ideenrichtung in wenigen Worten einer scharfen, aber berechtigten Kritik unterwirft.

Die bisherigen Geschichtsschreiber der Nationalökonomie haben dagegen Rodbertus nicht die richtige Stelle angewiesen.

So hat Kautz Rodbertus überhaupt nicht behandelt. Nur in einer Anmerkung zitirt er zustimmend einen Ausspruch desselben über die Wichtigkeit der Volkswirtschaftslehre („Geschichtliche Entwickelung der Nationalökonomie und ihrer Literatur" S. 792).

Dühring hat in seiner „Kritischen Geschichte der Nationalökonomie und des Sozialismus" (3. Auflage 1879) unserem Denker ebenfalls keine besondere Stelle gewidmet. Nur ein einziges Mal — in dem über Lassalle handelnden Abschnitt — erwähnt er, daß dieser vergebens „die Eitelkeit des grundbesitzerlich volkswirtschaftelnden, aber arbeiterlich kokettirenden Herrn Rodbertus" für den Eintritt in seinen Arbeiterverein zu gewinnen gesucht habe (Dühring a. a. O. S. 140).

Man sieht, daß Dühring auch bei seinem Urteil über Rodbertus nicht seine Natur verleugnet: er spricht keck über Personen, die in der Geschichte der Wissenschaft eine hervorragende Stelle einnehmen, ohne sich nur die geringste Mühe zu geben, sein Urteil irgendwie zu begründen.

Auch Roscher ist, wie Wagner schon bemerkt hat, schwerlich Rodbertus' theoretischen Verdiensten gerecht geworden. In seiner „Geschichte der Nationalökonomik in Deutschland" thut er desselben in dem Abschnitte über den Sozialismus (S. 1020—1025) keine Erwähnung. Er behandelt vielmehr Rodbertus in dem Abschnitte über die „historische Schule" — übrigens auch hier sehr kurz —, wo er nebenbei bemerkt, daß die Schriften des fraglichen Autors nicht frei von bedenklichen Irrlehren über Kapitalbildung, Grundrente, Zentralisation, Sozialismus u. s. w. seien.

Hingegen anerkennt Roscher seine historischen Forschungen als höchst gründlich und geistreich und nicht selten bis in die Tiefe reichend, „wo die allgemeinsten Fragen der Volkswirtschaft und des Volkslebens wurzeln“ (Roscher a. a. O. S. 1040).

Auf diese Kritik hat dann Rodbertus in seiner „Beleuchtung der sozialen Frage“ replizirt und sie „geradezu eine Ungereimtheit“ genannt (a. a. O. S. 109 Anm.).

Eine eingehendere Behandlung ist unserem Denker in der neuesten Geschichte der Nationalökonomie, derjenigen von Eisenhart, zu Teil geworden (S. 201 ff. und S. 226 ff.).

Der Standpunkt, den Eisenhart gegenüber einem Rodbertus einnehmen mußte, ist genügend charakterisirt durch seine Worte: „Es ist schwer zu sagen, ob wir, das Volk der Denker, es uns mehr zum Ruhme oder zur Schande rechnen dürfen, daß der Kommunismus seine wissenschaftliche Rehabilitation, wie man es genannt hat, in unserem eigenen Vaterlande feiern konnte“ (S. 201).

Demzufolge konnte Eisenhart nicht die volle wissenschaftliche Bedeutung von Rodbertus klarlegen, an der Wagner in seiner treffenden Kritik des Eisenhart'schen Werkes (Tübinger „Zeitschrift f. d. gesammte Staatsw.“ Jahrg. 1882 Bd. 38 S. 749 ff.) mit Recht festhält, obwol er die hier gelieferte scharfe Antikritik der Rodbertus'schen Kapitalkritik als die seinige anerkennt. Wir können uns übrigens dieser — jedenfalls sehr geistvollen — Antikritik trotz eines gewissen richtigen Kernes nicht anschließen.

Eine zusammenfassende, das Wesentliche — dieses aber auch vollständig — heraushebende Darlegung des Rodbertus'schen Systems existirt nicht; noch weniger giebt es bis jetzt eine die gesammte Rodbertus'sche Lehre sorgsam abwägende Kritik. Endlich eine Ableitung seiner Lehren aus früheren Ansichten nationalökonomischer Schriftsteller, eine Darstellung ihres Zusammenhanges mit den seinigen, welcher schon a priori anzunehmen ist, da es in der Wissenschaft ebensowenig wie in der Geschichte „Sprünge“ giebt, — also die Entwicklung der Rodbertus'schen Lehren aus schon früher in der Wissenschaft vorhandenen Keimen ist bisher noch nirgends versucht worden, wenn wir auch einige wenige vereinzelte, allerdings wertvolle Hinweise zu konstatiren haben werden.

Relativ am vollständigsten von allen Kritiken Rodbertus'scher Lehren ist die höchst geistvolle von Knies in der zweiten Hälfte seines Werkes über den „Kredit“ (S. 40—87). Wir vermochten jedoch nicht, uns dieser Kritik im Wesentlichen anzuschließen.

Speziell die Rodbertus'sche Grundrententheorie ist mehrfach erwogen worden, z. B. von Trunk in dem Aufsatz über „Geschichte und Kritik der Lehre von der Grundrente" (in Hildebrands Jahrb. 1868 Bd. 10 S. 436), ferner von Schippel in einem sehr scharfsinnigen Aufsatz über „die Ricardo'sche Werttheorie und die Rodbertus'sche Grundrententheorie" (in den „Staatswirthschaftlichen Abhandlungen, herausg. von Dr. R. F. Seyfferth", zweite Serie Heft 9 und 10).

Auch wollen wir nicht unerwähnt lassen, daß neuerdings Rodbertus' sozialistische Theorie von der wissenschaftlichen Ethik eingehend berücksichtigt worden ist; so von Ziller in seiner „Allgemeinen philosophischen Ethik" (1880, S. 364 ff.)

Allgemeine Charakteristik.

Karl Johann Rodbertus wurde am 12. August 1805 zu Greifswald, wo sein Vater Universitätsprofessor war, geboren. Er absolvirte das Gymnasium zu Mecklenburg-Friedland und widmete sich alsdann von 1823 bis 26 in Göttingen und Berlin dem Studium der Rechte. Später wurde er Auskultator am Land- und Stadtgerichte zu Alt-Brandenburg und 1829 Referendar am Breslauer Ober-Landesgericht, von wo er jedoch schon im folgenden Jahr zur Regierung nach Oppeln ging. Nach längeren Reisen kehrte er 1834 heim und kaufte das im pommer'schen Kreis Demmin gelegene Gut Jagetzow, wohin er 1836 übersiedelte. 1841 wurde er zu Demmin zum Kreis- und Landschaftshilfsdeputirten gewählt und in dieser Eigenschaft für das vorpommer'sche Departement zum Mitglied einer Kommission zur Entwerfung neuer landschaftlicher Taxprinzipien und eines neuen landschaftlichen Reglements für die gesammte Provinz Pommern ernannt. 1847 wurde er zum Abgeordneten der Ritterschaft des Kreises Usedom-Wollin in den Provinziallandtag gewählt. Als Mitglied des zweiten vereinigten Landtags kam Rodbertus in die Kommission zur Entwerfung des Wahlgesetzes für die preußische Nationalversammlung. Im Mai 1848 wurde er in die neue verfassunggebende Versammlung nach allgemeinem Stimmrecht vom Kreise Usedom-Wollin entsendet. Er schloß sich hier dem „linken Zentrum" an. Am 25. Juni desselben Jahres trat er in das Kabinet Auerswald-Hansemann als Minister für Kultus und Unterricht ein, demissionirte aber schon nach 14 Tagen, nachdem er sich überzeugt hatte, daß ein Zusammengehen mit Frankfurt nicht beabsichtigt war. 1849 wurde Rodbertus dreimal gewählt: in die erste Kammer von einem trier'schen Bezirk, in die zweite Kammer zweimal in Berlin. Er nahm das eine der Berliner Mandate an und brachte am 13. April den Antrag auf Anerkennung der Frankfurter Reichsverfassung ein, welcher am 21. April angenommen wurde. Wenige Tage später erfolgte bekanntlich die Auflösung der zweiten Kammer. Nach Oktroyirung des Dreiklassen-Wahlgesetzes vertrat er das Prinzip der Wahlenthaltung und lehnte eine ihm später von Breslau angetragene Kandidatur ab. Nach Annahme der Norddeutschen Bundesverfassung schien es für einen Augenblick, als sollte er wieder in die politische Arena hinabsteigen: im Wahlbezirk Usedom-Uckermünde als Kandidat für den Reichstag aufgestellt, erlag er, wie wenigstens Kozak angiebt, der Koalition eines Teils der Konservativen mit der Fortschrittspartei. Er trat seitdem bis zu seinem am 6. Dezember 1875 erfolgten Tode nicht mehr als Politiker in die Oeffentlichkeit [1]).

Die Publikationen von Rodbertus sind ihrem Umfang nach nicht sehr groß, wenn man erwägt, daß seine schriftstellerische Thätigkeit sich über drei Jahrzehnte erstreckt. Wir geben im Folgenden seine wesentlichen Veröffentlichungen in chronologischer Reihenfolge an [2]).

„Zur Erkenntniß unserer staatswirthschaftlichen Zustände", erstes (einziges) Heft 1842 — seine erste Broschüre; vorher waren von ihm nur Zeitungsartikel erschienen [3]).

„Die preußische Geldkrisis" (1845).

„Für den Kredit der Grundbesitzer. Eine Bitte an die Reichsstände" (1847).

„Die neuesten Grundtaxen des Herrn von Bülow-Cummerow" (1847).

„Mein Verhalten in dem Konflikt zwischen Krone und Volk. An meine Wähler" (1849).

„Soziale Briefe an von Kirchmann" (erster und zweiter Brief 1850, dritter Brief 1851).

„Die Handelskrisen und die Hypothekennoth der Grundbesitzer" (1858).

„Offener Brief an das Comité des deutschen Arbeitervereins zu Leipzig" (1863).

„Untersuchungen auf dem Gebiete der Nationalökonomie des klassischen Alterthums" (Hildebrands Jahrbücher 1864—1867).

---

[1]) Für diesen Lebenslauf von Rodbertus diente uns als Quelle Kozak a. a. O. S. 3—6.

[2]) Eine vollständige Aufführung der Rodbertus'schen Arbeiten findet sich bei Kozak a. a. O. S. 7—11.

[3]) Brief an Zeller in der Tüb. Ztschrft. Jahrg. 1878 Bd. 35 S. 219.

„Zur Erklärung und Abhülfe der heutigen Creditnoth des Grundbesitzes" 2 Bände (1868 und 1869; zweite Auflage 1876).

„Zur Frage des Sachwerths des Geldes im Alterthum" (Hildebrands Jahrb. 1870).

„Der Normalarbeitstag" (in der „Berliner Revue" 1871, wieder abgedruckt in der Tüb. Zeitschrift Jahrg. 1878 Bd. 34 S. 324 f.).

„Was waren mediastini? Und woher der Name?" (Hildebrands Jahrb. 1873).

Ferner sind noch von den Briefen Rodbertus' publizirt:

Diejenigen an Ad. Wagner (1878 in der Tüb. Zeitschr.), an Peters (1878 ebenda), an J. Zeller (1879 ebenda) und an Rudolf Meyer („Briefe und socialpolitische Aufsätze von Dr. R.-J.", 1882). —

Jeder Nationalökonom baut sein System — bewußt oder unbewußt — auf ein Fundament philosophischer besonders wirtschaftsgeschichtsphilosophischer und ethischer Sätze. Wer daher eine tiefere Auffassung eines Systems vorbereiten will, muß zunächst dessen philosophische Grundanschauungen klarlegen.

Bei Rodbertus lassen sich die Umrisse einer Philosophie der Wirtschaftsgeschichte ziemlich deutlich herausheben.

Er verwirft jene Meinung von angeblich altägyptischem Ursprung, welche den Menschen als ein dualistisches, aus Leib und Seele bestehendes Wesen begreift. Er faßt vielmehr den Menschen als ein dreieiniges Wesen auf, aus Geist, Willen und materieller Kraft oder aus Erkenntnis-, Bestimmungs- und Bewegungsvermögen bestehend[1]). Die Einigung der Individuen in diesen drei Elementen führt zum sozialen Organismus, d. h. zu Sprache und Wissenschaft, Sitte und Recht, Teilung der Arbeit und nationaler Wirtschaft (Nationalökonomie im eigentlichen Sinne des Wortes). Das Individuum existirt, lebt und wirkt in einer dreifachen Lebensgemeinschaft mit seinesgleichen: in einer geistigen, einer ethischen und einer materiellen oder wirtschaftlichen. So ist der Funke, der überhaupt erst das soziale Leben entzündet, der die Kraft verleiht, welche die sozialen Organismen beseelt, bewegt und erhält, kurz als Lebensganzes sich äußern und bethätigen läßt, — diese Kraft ist die Gemeinschaft der Individuen, eine Gemeinschaft, die ihr Leben allseitig

[1]) Diese Theorie ist nicht so neu, wie Rodbertus glaubt. So teilte schon Saint-Simon, den der deutsche Sozialist wahrscheinlich gekannt hat, alles menschliche Handeln in intelligence, sentiment und activité materielle ein (vergl. Malon, „Écoles socialistes" S. 49). Rodbertus hat nur die von St.-Simon angenommenen Lebensäußerungen des Menschen auf die ihnen zu Grunde liegenden Vermögen zurückgeführt.

— geistig, ethisch und wirtschaftlich — zu umfassen hat, die also als Kommunismus im Gegensatz zum Individualismus erscheint.

Die Geschichte des sozialen Organismus liegt noch nicht abgeschlossen vor uns. Ihr letzter und bedeutendster Teil hüllt sich noch in das Dunkel der Zukunft. Nichtsdestoweniger können wir, nach Rodbertus, schon heute ein Entwickelungsprinzip in der Geschichte der Gesellschaft — ihre immer größere Vervollkommnung — konstatiren.

Von der Familie bis zu der zukünftigen organisirten menschlichen Gesellschaft wird die soziale Lebensbildung immer vollkommener, geht die niedrigere in die höhere über. Es geschieht das immer unter Hinzunahme neuer sozialer Entwickelungselemente, aber es entwickelt sich eins aus dem anderen in ununterbrochener Kontinuität. Der niedere Organismus geht stets im höheren zu Grunde; jener muß erst vergehen, damit der letztere überhaupt entstehen kann.

Die Vervollkommnung der Lebensbildungen erfolgt so in Abstufungen, welche als Einteilungsprinzipien der sozialen Lebensentwicklungsreihe zu benutzen sind. Dieselbe unterliegt der Haupteinteilung in eine Stammperiode, eine Staatenperiode und eine Periode der Einen organisirten menschlichen Gesellschaft. Nach dem Grade ihrer größeren Vollkommenheit sind die genannten Hauptabteilungen in Ordnungen und Arten weiter zu teilen. Solche verschiedene Ordnungen der Staatenperiode sind die heidnisch-antike, die christlich-germanische und die noch höhere Staatenordnung der Zukunft. Jede dieser Staatenordnungen zerfällt weiterhin in aufeinanderfolgende Arten. Die heidnisch-antike Staatenordnung zerfällt in die Arten: Theokratie, Kastenstaat, Satrapie und Polis. Die charakteristischen Staatenarten der christlich-germanischen Staatenordnung sind: der kirchliche Staat, der Ständestaat, die Bureaukratie und der Repräsentativstaat.

Jede Art hat wieder ihre unterschiedenen Varietäten und diese sind es wieder, die in die neue Art verlaufen.

Von diesen „Staaten“ im weiteren Sinne d. h. von den ganzen geschichtlichen Lebensbildungen einer bestimmten Art, die schon eine staatliche Organisation besitzen, muß man den „Staat“ im engeren Sinne unterscheiden, welcher uns die zentralen Organe eines solchen sozialen Organismus bezeichnet. „Staat“ in diesem Sinne bedeutet nur einen Teil des sozialen Körpers und wird dem übrigen Teil desselben, der Gesellschaft, gegenübergestellt. Der Staat (i. e. S.) verändert sich nach den verschiedenen Entwicklungsstufen des staatlichen Lebens. Er nimmt an Umfang und an Wirksamkeit, nimmt extensiv und intensiv zu. Die staatliche Organisation in diesem Sinne wird nicht blos von

Stufe zu Stufe mannichfaltiger, d. h. es wird nicht nur jede besondere Funktion an ein besonderes Organ gebunden, sondern die soziale Organisation wirkt auch von Stufe zu Stufe übereinstimmender, d. h. die immer mannichfaltiger werdenden sozialen Organe kommen in immer größere Abhängigkeit von einem zentralen Organe — m. a. W. auf der Stufenleiter der sozialen Organismen entscheiden Teilung der Arbeit und Zentralisation über den Grad der Vollkommenheit der Organisation, über die Höhe der vom Organismus eingenommenen Stufe.

Da also der Begriff des Staats (im engern Sinne) ein wechselnder ist, ist es ein vergebliches Bemühen, denselben von dem Begriff der Gesellschaft durch eine ein für alle Male gültige Grenze abscheiden zu wollen. Auf jeder anderen Entwicklungsstufe überspringt die Geschichte diese Grenze. So verändert sich das staatliche Gebiet i. e. S. nicht blos von Staatenordnung zu Staatenordnung — auch in jeder der auf einander folgenden Staatenarten einer Ordnung wird es ein anderes; so ist es z. B. innerhalb der antiken Ordnung auf der Entwicklungsstufe der Polis ein anderes gewesen als auf der des Kastenstaates, oder innerhalb der germanischen auf seiner bureaukratischen Entwicklungsstufe ein anderes als auf seiner ständischen. Also höchstens nur relativ gültig, nur für eine und dieselbe Staatenart, z. B. den heutigen Repräsentativstaat, ließen sich Staat und Gesellschaft gegenseitig abgrenzen. Aber auch hier sind die Schwierigkeiten nicht gering; denn, wie schon erwähnt, auch in der Geschichte hat jede Art ihre unterschiedenen Spezies und diese sind es wieder, die in die neue Art verlaufen.

Aus dem Gesagten folgt auch, daß die Apriori-Konstruktion des Staates, das Suchen nach der besten Verfassung, ein vergebliches Bemühen ist. Der Staat ist immer nur das äußerliche Resultat der bestehenden Gesellschaft. Wandelt sich diese im Laufe der Zeit und hat sich somit auch die entsprechende Staatsform ausgelebt, so ist es immer nur eine bestimmte Staatsform, die durch den veränderten Gesellschaftszustand bedingt wird, aber keine allgemeine beste [1]). —

Auch die Entwicklung der ethischen Gemeinschaftssphäre hat Rodbertus — wenn auch nur in großen Zügen — verfolgt. Die Darlegung der diesbezüglichen Theorie ist notwendig, wenn man die Stellung unseres Denkers zur Sozialwissenschaft bezeichnen will.

Nach ihm hat sich das ethische Gebiet, ebenso wie dasjenige der Wissenschaft und das der Wirtschaft erst im Lauf der Geschichte ent-

---

[1]) Vgl. Kozak S. 12 ff.

wickelt. Während dasselbe in dem ersten Ansatz zur Familie, diesem Keim der Gesellschaft, selbst erst als Keim seinen Ursprung nahm, gewinnt es im Laufe der Geschichte eine immer größere Vollständigkeit nach Umfang und Inhalt.

Auf dem ethischen Gebiete unterscheiden wir heute Sittlichkeit oder Moral — und Recht. Das Recht selbst unterscheiden wir nach einem positiven und nach einem idealen Teil. Wir finden ferner in jedem dieser Teile eine gebietende oder objektive und eine fordernde oder subjektive Natur. Erst mit diesem zwiefach doppelten Charakter hat das Recht seine Vollständigkeit erlangt. Indem es in seiner gebietenden, objektiven Natur an den Staat und in seiner fordernden, subjektiven an das Individuum gebunden ist, ist seine allseitige Maßhaltung und, indem es nach diesen beiden Seiten seinen positiven Teil einem idealen gegenüberstellt, auch sein allseitiger Fortschritt gesichert.

Ursprünglich, in der Familie, fallen Sittlichkeit und Recht noch in der einen Sitte zusammen, die den positiven Geboten der ersten sozialen Gewalt, des Familienhaupts, entspringt und deshalb nur einen positiven Inhalt und einen gebietenden, objektiven Charakter an sich trägt, in welchem sie lediglich durch den Zwang der sozialen Gewalt aufrecht erhalten wird. Die Erklärung des Umstandes, daß in diesem faktischen Vorgange doch das ganze ethische Gebiet in nuce enthalten sein kann, liegt in zweierlei: erstens in dem individuellen Willen, der die Natur hat, sich gewöhnen zu können; zweitens in dem in die Geschichte gelegten sozialen Entwicklungsgesetz, das, mit der Familiengemeinschaft beginnend, durch die immer weiteren Gemeinschaftskreise des Geschlechts, des Stammes, des Volkes, des Staats, zu jener schließlichen Lebensgemeinschaft des ganzen Menschengeschlechts führt, die eben zu ihrem einen wesentlichen Teil in der menschlichen Willensgemeinschaft besteht. So entsteht die erste Sitte, der Keim des ganzen sich im Lauf der geschichtlichen Entwicklung so verbreiternden und vertiefenden ethischen Gebiets. Denselben Charakter dieser seiner Entstehung trägt auch seine weitere Entwicklung an sich. Neue soziale Gewalten beugen die individuellen Willen auch zu den Lebenszielen jener erweiterten Gemeinschaftskreise, in denen nach den Gesetzen der Geschichte die soziale Entwicklung von der Familie an durch das Geschlecht, den Stamm, das Volk, den Staat, zu jener schließlichen (in ferner Zukunft liegenden), das ganze Menschengeschlecht umfassenden Lebensgemeinschaft verläuft, — und in der Unterordnung und Gewöhnung der individuellen Willen an den Inhalt auch der diesen erweiterten Lebensgemeinschaften entsprechenden Willensgemeinschaften tritt immer mehr der Egoismus des Willens zurück, und es versittlicht sich daher immer mehr das ethische Gebiet. Moralische Urimpulse, Impulse, die von vornherein ihrem Inhalt nach moralisch gewesen wären, liegen also durchaus nicht in der Natur des individuellen Willens. Im Gegenteil: ursprünglich sind die Willensimpulse rein sinnlich-egoistischer Natur d. h. unsittlich, welche Wahrheit bekanntlich das Christentum in der Idee der Erbsünde auffaßt. Vielmehr liegt das Sittliche — objektiv oder als Sittengesetz verstanden — in derjenigen Seite des zu allgemeiner Lebensgemeinschaft führenden sozialen Entwicklungsgesetzes, die speziell die Entwickelung der Willensgemeinschaft regelt, sowie — subjektiv — in der Konkordanz des individuellen Willens mit diesem Gesetz, und hinter der Verwirklichung dieses Sittlichen hat immer eine historische Gewalt gestanden, die den individuellen Willen erst die Impulse zu jener sittlichen Richtung eingegeben hat und noch eingiebt, heiße diese Gewalt nun Familienvater, Stammvater, Staatsgewalt oder Kirche. Deshalb sind „kategorische Imperative", „Gewissen" u. s. w., obwol sie mit der Zeit jenen Gewalten die wirksamste Unterstützung gewähren, doch nur geschichtlich anerzogen und werden es durch jene sittlichen Gewalten auch noch täglich und stündlich, bei jedem Neugeborenen und jedem Erwachsenen; sind also nur dem Anteil des Einzelnen an einem sozialen Sittlichkeitskapital zu vergleichen, von dessen „Akkumulativkraft" man hier allerdings sprechen könnte, das aber in letzter Analyse sich als in fortgesetzter, erzwungener Gewöhnung langsam angesammelt erweist und sich auch auf demselben Wege noch täglich reproduzirt.

In dieser Ungeschiedenheit von Moral und Recht, lediglich als Sitte, mit einem nur den Geboten und dem Zwange der sozialen Gewalt unterstellten positiven Inhalt hat sich das ethische Gebiet auch die ganze Stammperiode hindurch erhalten. Wir sehen das noch heute an den in der Stammesform stecken gebliebenen Teilen der menschlichen Gesellschaft. Erst mit dem Uebergang aus dem schon gesitteten Stamm in den Staat und mit der Umwandlung der Stammgewalt in eine Staatsgewalt ist die Scheidung des ethischen Gebiets in Sittlichkeit und Recht erfolgt, indem es abermals diese neue soziale Gewalt war, die nach ihrem aus den Umständen geschöpften Ermessen die Pflege eines Teils dieses Gebiets fortan der Macht der „sittlichen Freiheit" — d. h. aber auch hier noch den Geboten entweder des schon gewöhnten „Gewissens" oder der schon befestigten Familienautorität oder einer besonderen religiösen Gewalt — überließ und nur noch den andern Teil unter seinen eigenen ferneren **Zwangs**geboten behielt. Jener Teil bildete fortan die Moral, dieser das Recht.

Sehen wir von nun an das Recht für sich allein weiter an, so trägt es auch nach dieser seiner Entstehung (als eines besonderen selbständigen Teils des ethischen Gebiets) zunächst noch den ganzen Charakter seines Ursprungs in der Einen Sitte an sich: es besitzt nur erst einen positiven und keinen idealen Teil und besteht auch nur erst in seiner gebietenden, objektiven, ihm von der sozialen Gewalt zugekommenen, aber nicht auch schon in einer fordernden, subjektiven, sich an das Individuum knüpfenden Natur.

Zu solcher Vollständigkeit entwickelt sich das Recht erst im Verlauf der Staatenperiode, und zwar auch hier erst nach und nach.

Während der ganzen ersten Ordnung dieser Periode, also während der Dauer des heidnisch-antiken Staats, bleibt es auch in der bezeichneten einseitigen Natur, mit der es in die Staatenperiode eintritt, bestehen, und erst gegen das Ende ihrer ersten Ordnung, in Griechenland und **Rom**, stellt sich seinem positiven und blos gebietenden Inhalt in der Idee der Gerechtigkeit ein idealer gegenüber. Man sieht hier also, daß das Recht seinem positiven Inhalt nach früher bestanden hat als in seinem idealen, und daß die Ideen keine „**Ur**bilder" sind, sondern vielmehr **Vor**bilder, die sich erst aus den Verhältnissen loslösen, um diese sich nachzubilden.

Wir finden noch im ganzen römischen Recht, das doch die letzte Entwickelungsphase des antiken Rechts bildet, nur diesen einseitigen gebietenden, von der Staatsgewalt ausgehenden Charakter, wenn auch schon durch einen idealen Teil, die römische aequitas, gefördert, — und suchen die fordernde, subjektive, sich an das Individuum knüpfende Natur des Rechts im römischen Rechtsbewußtsein vergebens. Im privatrechtlichen Verkehr, von Bürger zu Bürger, hat allerdings auch schon Rom diese Natur kultiviren müssen, allein im öffentlichen Recht, von Bürger zu Staat, existirt dieselbe noch nicht. In dieser Beziehung ist das Individuum noch rechtlos, alles Recht ist diesem nur vom Staate gewährt, ist daher nur erst prekär für dasselbe, so daß man sagen darf, selbst das römische Privatrecht ist noch staatsrechtlicher Natur. Daher kennt das römische Recht auch nur erst Rechtsgebote, aber nicht entfernt an die modernen Menschenrechte erinnernde Forderungen. Diese Einseitigkeit behält das römische Recht auch noch zu der Zeit, als die aequitas, diese höchste Blüte des idealen Teils des antiken Rechts, alle Lebensverhältnisse umzugestalten beginnt. Es sind nur Gebote einer sich weiter entwickelnden Gerechtigkeit, welche in dieser Fortbildung des Rechts walten, aber eben nicht der Forderungsdrang unseres subjektiven Rechtsgefühls, wie er sich in den „Naturrechtssystemen“ ausspricht.

Erst mit den Germanen, also mit Eintritt der zweiten Ordnung der Staatenperiode, mit dem christlich-germanischen Staat, bildet sich auch der andere Pol des Rechts, seine fordernde, subjektive, an das Individuum geknüpfte Natur aus.

Dazu bedurfte es in diesem Volksstamm nicht etwa einer besonderen menschlichen Anlage. Die Erklärung liegt in dem individualistischen Selbstgefühl, das Erdbeschaffenheit und Klima bei den Occidentalen überhaupt stärker ausprägen als bei den Orientalen, das aber auf demjenigen spezifischen Kulturgrade, auf dem die Germanen standen, als sie die antike Erbschaft antraten, besonders stark prävalirte. In Folge dessen tritt uns jetzt die Erscheinung entgegen, daß in den auf den antiken Kulturstätten sich neu bildenden germanischen Staaten das positive Recht, mit dem gewonnenen formalen Inhalt des römischen, sofort in der Natur eines subjektiven Rechts zu Tage kommt, und daß sich die Staaten sogar durch und durch aus einem an die Person geknüpften eigenen Recht aufbauen, dergestalt, daß, wenn im römischen Reich sogar das Privatrecht einen staatsrechtlichen Charakter besitzt, umgekehrt in den germanischen Reichen selbst das Staatsrecht einen privatrechtlichen Charakter annimmt.

In solcher Form einer blos fordernden, subjektiven Natur wird auch das positive Recht das ganze Mittelalter hindurch gepflegt, und es ist klar, daß sich dadurch, im Gegensatz zu dem gebietenden, objektiven, an den Staat geknüpften Charakter des antiken Rechts, umgekehrt das Gefühl eines eigenen Rechts unauslöschlich an das Subjekt, das berechtigte Individuum, knüpfen mußte. Man erkennt das daraus am besten, daß sich nun auch an dieser Natur des Rechts die Idee geltend machte und in den Naturrechtssystemen des vorigen Jahrhunderts auch diesem blos subjektiv gearteten positiven Recht ein idealer Teil gegenübertrat, der in seinen Untersuchungen nach Art und Umfang solcher subjektiven Berechtigung anfing, den Menschen als solchen dem Rechtssubjekt unterzuschieben, und damit auf ein Mal jene Unterscheidung von „natürlichen“ und „erworbenen“ Rechten ins Leben rief, an deren Hand sich, wie im Altertum allein in der Idee der objektiven Gerechtigkeit, so in der Neuzeit allein in der Idee des subjektiven Rechts das positive Recht fortgebildet hat. Jedenfalls war aber damit auch die antike Omnipotenz des Staates gebrochen, denn jetzt fand derselbe in der Widerstandskraft und den Forderungen dieses subjektiven Rechtsgefühls nicht blos die bis dahin entbehrten Schranken für seine Gebote, sondern auch die neuen, ihm von entgegengesetzter Seite zukommenden Impulse: jene Schranken und Impulse, durch welche allein unsere Unverletzlichkeit der Person und des Eigentums, kurz der ganze grundrechtliche Inhalt des heutigen Rechts ins Leben geführt ward, und in welchen dieser Inhalt auch noch ferner sicherere Bürgschaften besitzt, als die Aufnahme in oktroyirte, vereinbarte oder konstituirte Verfassungsurkunden gewähren kann. —

Jedenfalls ist heute schon das Recht nach Seiten des Staats wie des Individuums ankerfest geworden. Darf man, fragt Rodbertus, an die so errungene Vollständigkeit des Rechts die Hoffnung knüpfen, daß fortan auch seine weitere Entwickelung maßvoller verlaufen werde, als dies bisher, sowol in den Rechtsreformen der einseitigen römischen aequitas als auch den Rechtsrevolutionen des einseitigen modernen Naturrechts, geschehen ist? Wird namentlich, frägt unser Autor weiter, schon die Lösung der sozialen Frage — die, weil sie nicht mehr im Wege bloßer Negationen, wie ihrer Zeit die Freiheit der Person und des Eigentums, sondern nur mittels positiver, organischer Maßnahmen und deshalb um so schwerer durchzuführen ist, — wird schon dieser nächst bevorstehende, entschieden großartigste, soziale Entwickelungsakt Zeugnis von diesem vollendeteren Geiste des Rechtes ablegen [1])? — —

Dies sind die allgemeinen Grundlagen, auf denen die sozialökonomische Theorie von Rodbertus ruht. Ohne jene ist und kann diese niemals verständlich sein. So geben uns z. B. seine wirtschaftsgeschichts-philosophischen Anschauungen den Schlüssel zu seiner Methode, zu dem Grunde derselben. Denn ist die Gemeinschaft in allen Lebenssphären, besonders auch in der wirtschaftlichen, das Hauptprinzip des sozialen Körpers, so muß man auch in der Sozialökonomie konsequenterweise anstatt von den einzelnen Individuen, vielmehr von der Gesammtheit ausgehen. Dies hat auch Rodbertus grundsätzlich gethan. Und dadurch hat er die Wissenschaft um ein Bedeutendes gefördert. Nicht als ob vor ihm die Gesammtheit in wirtschaftlicher Hinsicht nie als Ganzes angesehen worden wäre. Schon bei Smith und noch mehr bei Ricardo findet sich eine Reihe von Betrachtungen hierüber. Aber das, was dort blos instinktiv gefühlt ist, wird hier mit vollständigem Bewußtsein zum Ausdruck gebracht; was dort ein flüchtig

---

[1]) S. Hildebrands „Jahrb. f. Nationalökonomie u. Statistik" Band 8 Jahrg. 1867 S. 438—444, Anm. — Vergl. auch Kozak S. 19 ff.

vorüberhuschender Nebengedanke ist, wird hier das sich Alles unterordnende Hauptprinzip. Schon bei Smith findet es sich ausgesprochen, daß die Grundbesitzer und die Kapitalisten vom Ertrage der nationalen Arbeit leben. Aber mit welch anderer Accentuirung, mit welch einschneidendem Nebensinn erscheint dieser Gedanke bei Rodbertus! Bei Smith ist er ein ganz harmloser Satz; bei Rodbertus steht er im Mittelpunkte der Darstellung, ist er der wuchtigste Schlag, den seine Kritik gegen die heutige Gesellschaftsordnung führt, bewirkt er die Verurteilung derselben.

Der Begriff des verhältnismäßigen Arbeitslohnes ist bereits von Ricardo in die Wissenschaft eingeführt worden. Aber wie geringfügig nehmen sich die Betrachtungen aus, die jener geniale Oekonomist daran knüpft, gegen die kühnen Konsequenzen, zu denen Rodbertus gelangt, indem er eben jenen verhältnismäßigen Arbeitslohn nicht genügend bestimmt findet!

Wir wollen damit durchaus nicht behaupten, daß die Hervorhebung jener von der britischen Oekonomik unbeachtet gelassenen Ideen bei Rodbertus ganz und gar originell ist. Das ist hier ebensowenig der Fall wie bei dem Brillantfeuerwerk vieler seiner übrigen Gedanken.

Ein eingehendes Studium der vorangehenden sozialistischen und anderweiten nationalökonomischen Literatur wird mancherlei Quellen aufdecken, denen sicherlich gar manche Ideen unseres Denkers ihren Ursprung verdanken. Und wie sollte es anders sein!? In der ökonomischen Wissenschaft springen nicht die genialen Gedanken, die Systeme, vollendet zu Tage, wie die gewappnete Minerva aus Jupiters Haupte, sondern sie entwickeln sich. Und wer einen solchen Gedankenkreis zu einem gewissen Abschluß gebracht, der hat genug gethan. —

Eine allgemeine Charakteristik eines Denkers soll über denselben in allen Hinsichten — wenn auch nur in großen Zügen — orientiren. Sie würde daher nicht vollständig sein, wenn sie nicht auch die politischen Ansichten desselben in Betracht zöge.

Im Jahre 1848 gehörte Rodbertus in der preußischen verfassunggebenden Versammlung zur Partei des „linken Zentrums“ als einer Reformpartei, die zugleich fähig war, ein Ministerium zu bilden. Ueber seine damalige politische Haltung, wie über seine Persönlichkeit berichtet Walter Rogge im Jahre 1850 im zweiten Bande seines Buches „Parlamentarische Größen“ ziemlich ausführlich. Wir geben im Folgenden einen Teil seiner Ausführungen wieder — trotzdem dieselben uns Rodbertus durchaus nicht richtig zu beurteilen scheinen —, weil sie das einzige zeitgenössische Urteil sind, das wir auftreiben konnten, und unsere Arbeit ja auch nicht ein Panegyrikus sein soll, sondern eine alle Stimmen sammelnde Berichterstattung.

Rogge bezeichnet Rodbertus als den Repräsentanten der „Staatsmannschaft" des linken Zentrums, welche nach dessen Ansicht notwendig war zur Lösung des Widerspruches zwischen der Gleichberechtigung der Nationalversammlung und der Krone. Bei Rodbertus, sagt Rogge, verrieten schon Aeußeres und Benehmen den „Staatsmann" zur Genüge. In jedem Zuge offenbarte sich das Streben nach Feierlichkeit und Gemessenheit, nach jenem „vielsagenden Stillschweigen", das man als entscheidendes Kennzeichen hoher diplomatischer Befähigung anzusehen pflegt. Der begüterte, vornehme, durchweg an den Komfort des Lebens gewöhnte Mann sprach sich in dem starken, etwas aufgeschwemmten Gesichte und der wohlgenährten Gestalt ebenso unverkennbar aus wie in der stets sorgfältigen und feinen, wenn auch nicht stutzerhaften Kleidung.

Weiterhin wird dann noch Rodbertus' politische Stellung charakterisirt. Eine starke Dosis „wohlmeinender Opposition", sagt Rogge, mit etwas mehr „wohlmeinender Revolution" gemischt als im Zentrum, und staatsmännischere „Wahl der Phrasen" — das war Alles. „Wohlmeinende Revolution" gerade soviel als man mit Anstand durchführen kann, ohne seiner Stellung das Mindeste zu vergeben oder seinen Komfort der geringsten Störung auszusetzen — soviel, daß man eben noch für einen Mann der Ruhe und Ordnung passirt und doch wieder eine Art Folie besitzt, die alsbald obenauf schwimmen muß, falls der Revolution ein Schlag gelingt.

Und weiter: In Rodbertus erkennt man auf den ersten Blick den „fertigen" Ehrgeizigen, der — ganz abgesehen von aller Befähigung (!!) — ein Grauen davor hat, über politische oder volkswirtschaftliche (!! sic!) Fragen ins Reine zu kommen. Er fühlt instinktmäßig, daß es um seine „Staatsmannschaft" geschehen, sobald der lichtfreundlich-sozialistische Brei (!), in den er Alles zusammenrührt, sich zu lösen begänne und Parteien aufträten, denen prinzipielle Konsequenz in der Theorie zu energischem Radikalismus im Handeln verhülfe. Man merkt stets bei Rodbertus, daß er zugleich pro aris et focis streitet . . . In der Politik, erklärte Rodbertus, sei sein Grundsatz: in den Dingen radikal, nur ein legaler Uebergang sei erforderlich — wie wir sehen werden, auch eine Maxime seines ökonomischen Denkens.

Ueber seine politischen Ansichten in der späteren Periode seines Lebens geben uns seine Briefe an Meyer Aufschluß.

Hier dürfte vor Allem der Ausspruch bezeichnend sein, daß diejenige Partei, die großartige Zukunftschancen besäße, eine „sozial-monarchisch-nationale" sein müsse [1]).

Rodbertus hat auch faktisch einmal die Absicht gehabt, auf Grund dieses Programms mit Hülfe von Rudolf Meyer und — Wilhelm Hasenclever (dem bekannten sozialdemokratischen Reichstagsabgeordneten, der aber damals, als „Lassalleaner", zuweilen nationale Allüren zur Schau trug) eine Partei zu gründen; doch wurde der Plan aufgegeben, ohne daß man über einige Anfragen bei den beteiligten Personen hinaus gekommen wäre.

Jene drei Worte treffen aber auch wirklich den Kern der Rodbertus'schen Anschauungen.

Sozial: Soweit der Kern der sozialdemokratischen Partei ein rein wirtschaftlicher war, gehörte ihr Rodbertus nach eigenem Ausspruch [2]) mit ganzer Seele an, wenn er auch für die konkrete Form der ökonomischen Bestrebungen der „Lassalleaner", für die Produktivassoziationen, sich nicht erwärmen konnte. Uebrigens werden dies auch die folgenden Ausführungen, die ausschließlich über die sozialen Lehren unseres Autors handeln, erweisen.

Gerade jene Scheidung des sozialdemokratischen Programms in ein soziales und ein politisches ist für ihn besonders charakteristisch. Von dem Komitee des deutschen Arbeitervereins zu Leipzig aufgefordert, über die Verbesserung der Lage der arbeitenden Klassen seine Ansicht darzulegen, bekannte er offen, daß ihm die sozialen Fragen über die politischen gingen, und riet den Arbeitern entschieden davon ab, sich an eine politische Partei anzuschließen, ja auch nur das allgemeine Stimmrecht auf ihr Panier zu schreiben. „Seien Sie die soziale Partei, die Sie nun doch einmal sind, auch offen und unumwunden! Keinen politischen Umweg, sondern gradaus!" [3]) — so ruft Rodbertus den Arbeitern zu.

Wir können nicht umhin, es auszusprechen, daß die vollständige Trennung sozialer und politischer Fragen, ja die Unterordnung der letzteren unter die ersteren uns sehr bedenklich erscheint. Wir halten eine auch nur der nächsten Zeit genügende Sozialreform nur auf genossenschaftlicher Basis für möglich und müssen daher unbedingt Freiheit für jede Art von Bewegung der arbeitenden Klassen fordern.

---

[1]) Rodbertus-Meyer S. 178.

[2]) Rodbertus-Meyer S. 141.

[3]) „Offenes Antwortschreiben", wieder abgedruckt bei Kozak S. 338.

Monarchisch: Rodbertus ist Zeit seines Lebens von streng monarchischer Gesinnung gewesen. Er hielt zwar die sozialistische Republik auch für möglich. Aber seine Ueberzeugung war doch, daß derjenige Sozialismus, der in der Geschichte obsiegen und seinerseits die Dauer eines Zeitalters behaupten würde, seiner Natur nach ein monarchischer sein würde [1]). Er hoffte vor Allem, daß ein deutscher Kaiser die Rolle eines Sozialkaisers übernehmen würde, daß ein solcher den die Fortentwicklung und den Eintritt der Geschichte in eine höhere und vollkommenere Staatenordnung versperrenden Hexenbann der „sozialen Frage“ lösen würde [2]). Zugleich aber fehlt nicht bei Rodbertus die Betonung des Satzes, daß eine solche wahrhafte Sozialmonarchie auch von freiheitlichem Geiste durchdrungen sein müsse, daß sie „Karlsbader Beschlüsse“ unbedingt ausschließe. Hierin also weicht die „staatssozialistische“ Ideenrichtung, die sich auf Rodbertus zu stützen sucht, von ihrem Meister ab und verdient mit Recht den Vorwurf des „Cäsarismus“ [3]), den ihr Brentano macht, welcher — gewiß ein kompetenter Richter — die politische Gleichberechtigung der arbeitenden Klassen und Versammlungs-, Vereins- und Preßfreiheit für unumgänglich verbunden mit jeder fruchtbaren Sozialreform erklärt [4]).

Auch war Rodbertus ein entschiedener Gegner einer aus politischen Rücksichten unternommenen Sozialreform. „Die soziale Frage“, sagt er, „hat gerade so gut ihre Schwarzen, wie Deutschland seine Jesuiten hat. Ich habe deshalb auch eine heillose Angst, daß die Politik auch auf den Gedanken kommen könnte, die Frage benutzen zu wollen. Ich meine natürlich die Politik, die aus Politik handelt, die den Arbeitern einen Bissen zuzuwerfen beabsichtigt, um sie zu Bundesgenossen zu behalten oder zu machen“ [5]).

National: Rodbertus freute sich aufrichtig über die deutsche Einheit und das wiedererstandene deutsche Reich. Die deutsche Nation hielt er zum Träger der Weltgeschichte berufen, hielt er für berufen, wahrhaft an der Spitze der Zivilisation zu marschiren. Jeder echte Deutsche, sagt er, trägt heute das Vollgefühl in der Brust, daß, obwol seine Nation schon einmal in der Weltgeschichte die großartigste Titelrolle

---

1) Rodbertus-Meyer S. 32.

2) Vgl. Kozak S. 192.

3) Brentanos Abh. „Die gewerbliche Arbeiterfrage“, in Schönbergs Handb. d. pol. Oekonomie I S. 937.

4) Brentano a. a. O. S. 991 u. 992.

5) Rodbertus-Meyer S. 253.

mit Glanz gespielt, sie international und sozial noch dereinst zu größeren und größesten Dingen berufen ist[1]). Jedoch war Rodbertus kein Chauvinist. Er glaubte, daß das deutsche Reich noch manche Mängel zu überwinden habe. Ja, er that sogar den Ausspruch, daß, wenn man zu einer Art „Karlsbader Beschlüsse" gegen die Sozialdemokratie kommen sollte, dies ein Unglück wäre, welches das Glück des wiedererstandenen deutschen Reiches aufwiegen würde[2]).

[1]) Vergl. Kozak S. 192.
[2]) Rodbertus-Meyer S. 90.

Rodbertus' Kritik der modernen Volkswirtschaft.

Der Ausgangspunkt der Rodbertus'schen Kritik der gegenwärtigen Gesellschaftsordnung ist die Behauptung, daß alle wirtschaftlichen Güter nur materielle Arbeit kosten. Und zwar definirt Rodbertus die „Kosten" eines Gutes als den zu seiner Herstellung notwendigen Aufwand, welcher durch seine Unwiederbringlichkeit ein Subjekt „trifft", unter Annahme „natürlicher Verhältnisse", d. h. der Aufhebung des Grundeigentums[1]).

Zunächst ist aber nicht abzusehen, weshalb die nichtmaterielle Arbeit, sofern sie notwendige Vorbedingung der wirtschaftlichen Produktion ist und nur um ihretwillen geleistet wird, aus dem Reiche der „Kosten" verbannt werden soll. Treffen doch bei ihr alle Merkmale dieses Begriffes zu! Ist sie nicht eine Aufopferung der persönlichen Freiheit, eine Mühe? Sie „trifft" daher das Subjekt gerade so gut durch ihre „Unwiederbringlichkeit", wie die materielle Arbeit.

Am liebsten würde der Mensch auch die geistige Arbeit unterlassen. Man wende dagegen nicht den Erkenntnistrieb oder Aehnliches ein! Denn alle Arbeit, welche aus derlei Motiven geleistet wird, haben auch wir ausdrücklich vom Begriff der „Kosten" ausgeschlossen. Prinzipiell muß also daran festgehalten werden, daß auch die immaterielle, ausschließlich um eines wirtschaftlichen Gutes willen geleistete Arbeit einen Bestandteil von dessen „Kosten" bildet. Allerdings wird man zugeben müssen, daß in dem von Rodbertus zunächst ins

---

1) Rodbertus, „Zur Erkenntniß" u. s. w. S. 1 ff.; „Zur Beleuchtung" u. s. w. S. 23, 68 ff.

Auge gefaßten Urzustande der Menschheit die geistige Arbeit eine minimale war. Und dies dürfte auch einen Erklärungsgrund der Rodbertus'schen Ansicht abgeben, welche mir übrigens noch weit mehr durch die Besorgnis veranlaßt zu sein scheint, daß man den Kapitalgewinn, wie dies ja auch faktisch versucht worden, als durch die „geistige" Arbeit des Unternehmers errungen und gerechtfertigt ansehe. Darauf deutet eine Stelle in den „Sozialen Briefen", in der er „Hintergedanken" wittert, wenn Jemand die immaterielle Arbeit zu den „Kosten" rechnen zu müssen glaube.

Um übrigens ganz präzis zu sein, müssen wir hinzufügen, daß bei Annahme der Rodbertus'schen Definition der „Kosten" deren Gebiet nicht einmal mit der Ausdehnung auf die geistige Arbeit geschlossen ist. Denn auch in beschränkter Menge vorhandene Naturstoffe gehören dazu. Sie sind zur Produktion notwendig. Sie bedingen einen „Aufwand", der durch seine „Unwiederbringlichkeit" das Subjekt „trifft". Für den, welcher das leugnen wollte, wird der einfache Hinweis darauf genügen, daß andernfalls das Subjekt ja gar kein Interesse daran hätte, mit den seltenen Stoffen sparsam umzugehen.

Doch mag gern zugestanden werden, daß diese Naturstoffe in „natürlichen Verhältnissen" von äußerst geringem Belang gewesen sind und erst später eine rechte Bedeutung gewonnen haben [1]). —

Die zweite Voraussetzung der Rodbertus'schen Gesellschaftskritik ist, daß die Rente und der Arbeitslohn Teile des Nationaleinkommens sind. Der strenge Beweis dieses Satzes und vor Allem seine konsequente Durchführung im gesammten System der Volkswirtschaft ist ein bleibendes Verdienst unseres Denkers.

Was Nationaleinkommen ist, sagt derselbe, kann man aus der Vergleichung der Nation mit einem einzelnen, außer Teilung der Arbeit lebenden Menschen entnehmen.

Dieser nennt sein Einkommen die Gesammtheit der Güter, welche er im unmittelbaren Interesse seines Lebens verbrauchen kann, also alle unmittelbaren Güter, die er während einer gewissen Zeit herstellt. Hat dieser Einzelne ein Kapital, d. h. einen Vorrat von Werkzeugen

[1]) Um einem etwaigen Mißverständnis dieser Auffassung vorzubeugen, bemerken wir ausdrücklich, daß dieselbe durchaus keine Begründung dafür abgiebt, daß der Besitzer von solchen seltenen Naturstoffen für dieselben einen „Preis" verlangt. Denn was giebt irgend Jemandem die Berechtigung, eine beliebige Quantität jener Stoffe für seinen Privatbesitz in Anspruch zu nehmen? Zunächst läßt sich blos ein Anrecht der Gesammtheit, der Gesellschaft, auf dieselben deduziren. Nur im Zwecke der menschlichen Gemeinschaft liegende Gründe können bewirken, daß dieselbe ihren Ansprüchen zu Gunsten Einzelner entsagt.

und Material, so darf er in einem gewissen Zeitraum nicht mehr unmittelbare Güter damit und daraus herstellen, als nachhaltig immer damit und daraus herzustellen sind. Er muß also in derselben Zeit auch das Kapital unverringert erhalten. Dadurch erhält das Einkommen in seinem Umfange noch eine wirtschaftliche Beschränkung, während es seiner Natur nach stets nur unmittelbare Güter umfassen kann. Ebenso besteht das Einkommen einer Nation nur aus der Masse der unmittelbaren Güter, welche sie unter jener wirtschaftlichen Beschränkung in einem gewissen Zeitraum hervorbringt. Man muß — nach Rodbertus — das Nationaleinkommen einer Periode vom Nationalprodukt derselben Periode unterscheiden. Dieses ist das Resultat aller auf den verschiedenen Produktionsstufen (Verarbeitungsstadien der Produkte) gleichzeitig vorgenommenen Arbeiten. Dagegen ist die Masse der unmittelbaren Güter, die auf der letzten Produktionsstufe fertig geworden sind, das Nationaleinkommen. Von diesem ist aber der geringste Teil Produkt der betrachteten Periode. Nur derjenige ist es, der als Resultat der auf der letzten Stufe vorgenommenen Arbeit zu betrachten ist. Der ganze übrige Teil des Nationaleinkommens einer Periode ist der Sache nach Produkt früherer Perioden oder ist für die in Rede stehende Periode Kapital gewesen. Nationalprodukt und Nationaleinkommen sind daher schon in ihren naturalen Gegenständen nicht zu verwechseln. Jenes wird zum größten Teile wieder Nationalkapital, zu seinem geringsten Nationaleinkommen; dieses ist zum geringsten Teil Nationalprodukt, zum größten war es Kapital.

Aber auch der Wert des Nationaleinkommens ist nicht äqual dem Werte des Nationalprodukts. Der Wert jedes Produkts ist nach Rodbertus gleich der Kostenarbeit (d. h. gleich der Arbeit, die das Produkt gekostet hat). Die Kostenarbeit ist teils eine unmittelbare, teils eine mittelbare, insofern die bei der Produktion vernutzten Maschinen ebenfalls Arbeit gekostet haben. Der Wert des Nationaleinkommens ist daher äqual der Quantität sämmtlicher unmittelbaren Arbeiten, die es hergestellt haben, plus derjenigen, die wegen aller bei Arbeiten vernutzten Werkzeuge hinzuzurechnen ist. Nimmt man nun eine gleichmäßige Produktionsbewegung auf allen nach einander folgenden Stufen an, oder, daß in gleichen Perioden immer gleiche Quantitäten von Einkommensgütern in die Konsumtion treten, also auf allen Stufen immer gleicher Nachschub sich vorfindet, so ist der Wert des Nationaleinkommens allerdings äqual dem Wert desjenigen Produkts, das unmittelbares Gut zu werden bestimmt ist, mit anderen Worten, das als Material zu Einkommensgütern behandelt wird (denn die Einkommensgüter sind gerade, durch alle ihre resp. Produktionsperioden hindurch, durch dieselbe Quantität unmittelbarer Arbeit und dieselbe Quantität in Werkzeugen vernutzter Arbeit hergestellt, welche in demjenigen Teil des Nationalprodukts enthalten ist, der auf allen verschiedenen Produktionsstufen gleichzeitig wieder als Stoff zu Einkommensgütern behandelt wird). Allein dieser Betrag schließt noch nicht das ganze Nationalprodukt ein. Dieses besteht noch außerdem aus dem Produkt derjenigen Arbeiten, die den Ersatz der vernutzten Werkzeuge liefern. Der Wert des Nationalprodukts ist also auch um diesen Teil größer. Er besteht, außer in dem Wert alles desjenigen Produkts, das auf den verschiedenen Produktionsstufen gleichzeitig als Material zu Einkommensgütern behandelt wird — ein Wert, der selbst aus der unmittelbaren Arbeit der in Werkzeugen vernutzten Arbeit besteht —, noch aus dem Wert desjenigen Produkts, das dazu dienen soll, die vernutzten Werkzeuge zu ersetzen. Der Wert des National*einkommens* besteht aber nur aus jenem allein. — Weil aber nun die Quantität unmittelbarer Arbeit, die in jeder Periode den Ersatz der vernutzten Werkzeuge herstellt, äqual sein muß *der* Quantität, die für vernutzte Werkzeuge im Wert des Nationaleinkommens aufgerechnet wird, ist der Wert des Nationaleinkommens äqual sämmtlicher in einer Produktionsperiode verwandten unmittelbaren Arbeit.

Verdeutlichen wir diese *Rodbertus*'sche Theorie durch ein Beispiel.

Es handelt sich darum, für eine gewisse Periode den Wert des Nationaleinkommens, des Nationalprodukts und der unmittelbaren nationalen Arbeit festzustellen.

Es seien beim Beginn der Periode Materialien, m Stunden Arbeit repräsentirend, d. h. also im Werte von m Stunden vorhanden.

Die während der Periode geleistete Zusatzarbeit, um eben diese Materialien zu unmittelbar zu gebrauchenden Gütern, d. h. zu Einkommensgütern zu machen, sei $= a$ Stunden.

Dann ist der Wert des Nationaleinkommens $= m + a$.

Der Wert des Nationalprodukts, welches gleich dem Nationaleinkommen plus der zum Ersatz der aufgebrauchten Materialien aufgewendeten Arbeit ist, ist $= m + a + m = 2\,m + a$.

Rodbertus hat nämlich angenommen, *daß in jeder Periode genau ebensoviel an Materialien ersetzt wird, als in derselben zur Produktion der Einkommensgüter verbraucht wird.*

Die in jener Periode geleistete unmittelbare Nationalarbeit ist $= a + m$. Nämlich a zur Vollendung der beim Beginn der Periode vorhandenen Materialien zu Einkommensgütern und m zur Wiederersetzung jener Materialien.

Demnach ist nach Rodbertus die geleistete unmittelbare Nationalarbeit gleich dem Nationaleinkommen.

Die Theorie ist richtig, wenn und so lange die Voraussetzung zutrifft, daß in der betreffenden Periode der Materialien-Ersatz genau gleich den verbrauchten Materialien ist. Diese Voraussetzung trifft aber in praxi niemals zu. Der Materialien-Ersatz ist immer etwas mehr oder etwas weniger, als der Materialien-Verbrauch, beide nach Arbeit gemessen. Wir müssen also sagen, selbst wenn wir uns auf den Standpunkt stellen, daß der Wert jedes Produkts gleich seiner Kostenarbeit ist:

Nationaleinkommen $= m + a$

Nationalprodukt $= m + a + m_1$

(wenn wir so den Wert des Materialien-Ersatzes, natürlich auch nach Arbeit gemessen, angeben)

Unmittelbare Nationalarbeit $= a + m_1$.

Demnach ist in der Wirklichkeit nie die unmittelbare Nationalarbeit gleich dem Nationaleinkommen. Wir werden später, bei Betrachtung des Sozialstaates und des Normalwerkarbeitstages von Rodbertus, sehen, daß derselbe doch diese Voraussetzung gemacht hat.

Die Masse der unmittelbaren Güter teilt sich nun je nach der Klasse, die entweder durch ihre unmittelbare Mitwirkung bei der Produktion oder nur durch den Besitz von Kapital dazu berechtigt ist, in Arbeitslohn und Rente. Letztere ist daher dasjenige Einkommen, das Jemand auf Grund seines Eigentums, ohne daß er deshalb selbst zu arbeiten brauchte, bezieht. Die Rente teilt sich in Grundrente und Kapitalrente, je nachdem das Eigentum, auf dessen Grund sie bezogen wird, Boden oder Kapital ist[1]).

Man darf nun nicht die Grundrente oder den Kapitalgewinn oder selbst den Arbeitslohn, die in der Teilung der Arbeit schon in landwirtschaftlichen Unternehmungen allein abfallen, — man darf, sagt Rodbertus, diese nicht als das Produkt der landwirtschaftlichen Arbeit

[1]) Zunächst nimmt Rodbertus bei der folgenden Darlegung an, daß Grund- und Kapitalbesitzer ihr Eigentum selbst bewirtschaften und daß also der besondere Stand der Unternehmer wegfällt. Dies kann man auch thun, ohne der Wahrheit der Untersuchung zu schaden. Denn der Unternehmergewinn als ein stetiges Einkommen des ganzen Standes kann nur insofern existiren, als die ursprünglichen Rentenbezieher, Grundeigentümer und Kapitalisten, sich mit weniger begnügen als früher. Die Untersuchung über den Unternehmergewinn (über die Gründe jenes Zugeständnisses, seine Höhe und ob Grundrente ebensowohl dazu beiträgt wie Kapitalrente) wird daher erst nachher geführt werden.

allein, den Kapitalgewinn und den Arbeitslohn, die in Fabrikationsunternehmungen abfallen, nicht als das Produkt der Fabrikationsarbeit allein ansehen. Grundrente, Kapitalgewinn und Arbeitslohn sind Einkommen [1]).

Grundbesitzer, Kapitalisten und Arbeiter wollen davon leben, d. h. ihre unmittelbaren menschlichen Bedürfnisse damit befriedigen. Die Güter, die im Einkommen bezogen werden, müssen also dazu brauchbar sein. Aber weder die landwirtschaftliche Arbeit allein, noch die fabrizirende Arbeit allein stellt schon solche Güter her. Jene stellt erst das Rohprodukt dazu her; diese vermag nur am Rohprodukt ihre eigentümlichen Spuren zurückzulassen; beide müssen sich notwendig vereinigen, um das Gut herzustellen, das geeignet ist, das menschliche Bedürfnis zu befriedigen, d. h. Einkommen zu sein.

Grundrente, Kapitalgewinn und Arbeitslohn sind freilich Teile des gesellschaftlichen Einkommens, in welche dieses aus gewissen Gründen und nach gewissen Gesetzen zerfällt, und das gesellschaftliche Einkommen ist freilich in Teilung der Arbeit hergestellt. Allein dadurch wird weder die Natur des Einkommens noch das Resultat der landwirtschaftlichen und fabrizirenden Arbeit geändert. Dadurch, daß in der Teilung der Arbeit die Einen die landwirtschaftlichen Arbeiten, Andere die fabrizirenden Arbeiten vornehmen, wird nichts daran geändert, daß jene nur Rohprodukt, diese nur *ihr* eigentümliches Resultat hervorbringen, und eben so wenig ist das Einkommen jedes Grundbesitzers, Kapitalisten oder Arbeiters *spezifisch* ein anderes. Die landwirtschaftlichen Arbeiten stellen ebensowol für den Grundbesitzer als für den Kapitalisten und Arbeiter nur erst Rohprodukt, aber noch keine Einkommen her. Wie also bei dem isolirt Wirtschaftenden noch die fabrizirende Arbeit

---

[1]) Diese Ansicht findet sich bereits bei *Smith*. Derselbe sagt, das ganze jährliche Arbeitsprodukt eines Landes, als Einheit betrachtet, löse sich in Arbeitslohn, Kapitalgewinn und Grundrente auf. Hierdurch werde das Ganze, was jährlich durch die Arbeit einer Gesellschaft gesammelt oder hervorgebracht werde, unter die Glieder der Gesellschaft verteilt. Arbeitslohn, Kapitalgewinn und Bodenrente seien die drei ursprünglichen Quellen alles Einkommens und aller Tauschwerte. Jedes andere Einkommen fließe zuletzt aus der einen oder der anderen dieser Quellen (*Smith*, Volkswohlstand I Kap. 6). Auch bei *Mac-Culloch*, *Mill* und Anderen findet sich dann diese *Smith*'sche Idee ihrem Inhalte nach rekapitulirt. *Robbertus* hat nun aber dieselbe, die in den Systemen der Britten ein unbeachteter, nicht scharf bestimmter Nebengedanke war, fest umgrenzt, in den Vordergrund gestellt, in ein helles Licht gerückt und alle Konsequenzen daraus gezogen. Die wesentliche Förderung, die hierdurch der Nationalökonomie erwächst, ist daher ganz und gar dem genialen Sozialisten zu verdanken.

zu der landwirtschaftlichen hinzukommen und diese jener vorangehen muß, um sein Einkommen herzustellen, so müssen auch in der Gesellschaft, in der Teilung der Arbeit, noch die fabrizirenden Arbeiten zu den landwirtschaftlichen Arbeiten hinzukommen, diese sich mit jenen verbinden, um das gesellschaftliche Einkommen herzustellen. Das gesellschaftliche Einkommen ist eben so gut nur das Produkt dieser geteilten Arbeit zusammen, als das individuelle Einkommen des isolirt Wirtschaftenden das Produkt nur der allein von ihm verrichteten landwirtschaftlichen und fabrizirenden Arbeit ist. Wenn aber Grundrente und Kapitalgewinn nichts als Teile des gesellschaftlichen Einkommens sind, wenn ferner dieses ebenso sehr das Produkt der fabrizirenden als der landwirtschaftlichen Arbeiten ist, so wirken auch die fabrizirenden Arbeiten mit dazu, die Grundrente, die landwirtschaftlichen Arbeiten mit dazu, den Kapitalgewinn herzustellen, so werden Grundrente, Kapitalgewinn und Arbeitslohn auch nicht durch eine oder die andere Arbeit allein, sondern alle zusammen durch die Vereinigung dieser verschiedenen Arbeiten hergestellt. Die Scheidung des gesellschaftlichen Einkommens in Grundrente, Kapitalgewinn und Arbeitslohn geht also nicht schon in der Produktion vor sich, sondern erst in der Verteilung des von jenen verschiedenen Arbeiten zusammen hergestellten Produkts.

Die landwirtschaftliche Arbeit liefert nur das Rohprodukt, dessen **Wert** den Anteil bestimmt, den der Besitzer und Abgeber des Rohprodukts an den durch die zusammenwirkende Arbeit der Landleute und Fabrikanten hergestellten Einkommensgütern erhält, und der, wenn er mehr beträgt, als Arbeitslohn und Kapitalgewinn, auch Grundrente einschließt, — und diesen Wert hat das Rohprodukt nur, weil die fabrizirenden Arbeiten mit den landwirtschaftlichen zusammenwirken, um das Gut zu vollenden. Ebenso liefern auch die fabrizirenden Arbeiten nichts weiter als ihr eigentümliches Resultat, d. h. ebenfalls nur einen Bruchteil der Vollendung des Gutes, einen Bruchteil, dessen **Wert** seinerseits wieder den Anteil bestimmt, den der Besitzer und Abgeber dieses Resultats an dem Produkt jener zusammenwirkenden verschiedenen Arbeiten erhält, und der nach Abzug des Arbeitslohnes immer ganz und gar auf das in der Fabrikation verwendete Kapital als Gewinn berechnet wird[1]).

Das erste Resultat der glänzenden Analyse unseres Autors ist die

---

[1]) Rodbertus, „Zur Erkenntniß" S. 63 ff.; „Zur Beleuchtung" S. 32, 72 ff. und 120 ff.

Verwerfung der manchesterlichen Lohnfonds-Theorie. Diese behauptet, daß der Arbeitslohn aus dem Kapital bezahlt werde und daher schlechterdings nicht über die Grenzen dieses Kapitals erhöht werden könne, ohne die ganze Nationalproduktion und den ganzen Nationalwohlstand an der Wurzel zu verletzen. Wenn diese Theorie richtig ist, so haben diejenigen recht, welche den Arbeitern zureden, es sei notwendig, daß sie hungerten. Wird aber der Arbeitslohn aus dem Nationaleinkommen bezahlt, so kann er vermehrt werden, ohne das Kapital anzutasten, und zwar entweder so, daß der Lohn auf Kosten der Renten erhöht wird, oder — und dies ist, wie wir sehen werden, Rodbertus' Vorschlag — so, daß, ohne die Renten zu verringern, Vorkehrungen getroffen werden, welche die Arbeiter an den Fortschritten der Produktivität mit Teil nehmen lassen, die heute, wo sich die Wissenschaft der Gewerbe bemächtigt hat, jeder folgende Tag bringt [1]).

Die Widerlegung der Behauptung, daß der Arbeitslohn aus dem Kapital genommen werde, führt Rodbertus mittels der äußerst feinen und scharfsinnigen Unterscheidung zwischen Kapital im rein ökonomischen und Kapital im historisch-rechtlichen Sinn [2]), welche Unterscheidung von geradezu Epoche machender Bedeutung für die „Grundlegung" der Volkswirtschaftslehre geworden ist, wie Wagner mit Recht annimmt.

Man muß — sagt Rodbertus — das Kapital im engeren oder eigentlichen Sinne von dem Kapital im weiteren Sinne oder vom Unternehmungsfonds unterscheiden. Jenes umfaßt den wirklichen Vorrat von Werkzeugen und Material, dieser den ganzen, nach den heutigen Verhältnissen der Teilung der Arbeit zur Unternehmung eines Betriebs notwendigen Fonds. Nach der heutigen Wirtschaftsordnung nämlich soll der Fonds eines Unternehmers groß genug sein, um nicht blos Material und Werkzeuge zu enthalten, sondern auch soviel Geld, um vor dem Erlöse des Produkts noch die nötigen Arbeitslöhne und Renten zu zahlen. Beide Teile haben für den Unternehmer gleichen Wert. Sie sind beide Vermögen, und was er im Betriebe verdient, berechnet er auf den einen ganzen Fonds. Sie sind beide ferner nicht blos für den Unternehmer, sondern auch unter den heutigen Verhältnissen gleich notwendig zum Betriebe und also zur Vornahme einer

---

1) Rodbertus, „Zur Erkenntniß" S. 26 ff. Anmerkung.

2) Rodbertus braucht dafür die Ausdrücke: Kapital im engeren und Kapital im weiteren Sinne. Indeß scheint mir die im Text gebrauchte Ausdrucksweise, die von Adolf Wagner herrührt (vergl. dessen „Grundlegung" der „Allgemeinen oder theoretischen Volkswirthschaftslehre" § 28 S. 38 ff.), deutlicher zu sein.

Produktion. Man faßt sie daher insofern ganz gut beide unter den Begriff des Kapitals i. w. S. oder des Unternehmungsfonds. Allein sieht man nun beide Teile an sich an, so zeigen sich zwischen ihnen bemerkenswerte Unterschiede. Der eine allein ist ein wirklich bei Beginn der Produktion vorhandener Gütervorrat; der andere nur ein Vorrat von Zirkulationsmitteln, der vorläufig noch keinen wirklich vorhandenen, naturalen Vorrat von Gütern repräsentirt oder repräsentiren soll, sondern die Anteile des künftigen Produkts, zu deren Liquidation er dient. Jener ist das zur Produktion absolut notwendige Kapital, dieser hat nur durch die heutigen Verhältnisse eine solche relative Notwendigkeit. Jener Teil ist daher das Kapital im engeren und eigentlichen Sinne allein, und nur mit ihm fällt der Begriff des Nationalkapitals zusammen. Gehört aber der Arbeitslohn nicht zu diesem letzteren, so bricht auch die Theorie zusammen, welche sein Steigen nur im Falle des Wachstums des Kapitals oder der Verminderung der Bevölkerung für möglich erklärt [1]).

Kehren wir zu jener ersten Voraussetzung des Robbertus'schen Systems zurück, zu dem Satze, daß die materielle Arbeit allein die

---

[1]) Robbertus, „Zur Erkenntniß" S. 23 ff. Schon ein Jahrzehnt vor Robbertus hat F. B. W. Hermann in den „Staatswirthschaftlichen Untersuchungen" (1832) die Lohnfondstheorie verworfen, ohne jedoch so tief in die Sache einzudringen, wie der Sozialist.

Hermanns Gedankengang ist folgender: Zugegeben, der Lohn hänge von dem Teile des umlaufenden Kapitals ab, der auf jeder Stufe der Produktion zur Auslohnung von Arbeitern angewendet wird, so kann man daraus noch gar nicht folgern, daß wie das Kapital überhaupt wächst oder abnimmt, auch der Lohn falle oder steige. Denn mit der Zunahme könnte eine bedeutendere Aenderung in seiner Verteilung eintreten, ein größerer Teil des Gesammtkapitals könnte fixirt und der ferneren Anwendung zur Auslohnung von Arbeitern entzogen werden, was dann die Arbeiterzahl gegen das Lohnkapital überwiegend machen und den Lohn drücken würde.

Aber die Annahme selbst, das Kapital des Unternehmers sei die Quelle des Arbeitslohnes, ist schon bei oberflächlicher Beobachtung mangelhaft, da die Menge der persönliche Dienste leistenden und aus dem Einkommen (der andern Klassen) gelohnten Arbeiter doch zu bedeutend ist, um übergangen zu werden.

Namentlich aber wendet Hermann gegen jene britische Lohnfondstheorie ein, daß der Unternehmer blos den Tauschverkehr zwischen dem Arbeiter und dem Konsumenten des von diesem produzirten Artikels vermittle; daß die Arbeit demgemäß in letzter Instanz bestimmt sei, einem Bedürfnisse unmittelbar zu dienen, und daher aus dem Einkommen des Konsumenten gelohnt werde. —

Es ist übrigens bekannt, daß die Engländer sich noch lange nach Hermanns und Robbertus' Kritik mit der Lohnfondstheorie herumgeschleppt haben, bis schließlich Thornton dieselbe unter der Zustimmung von Mill umwarf.

Kosten der Güter bilde. Die Definition der „Kosten" sollte nach seiner eigenen Aussage nur unter Annahme „natürlicher Verhältnisse" gelten. Nun wohl, so kann jene Definition auch nur in „natürlichen Verhältnissen" Richtigkeit beanspruchen, keineswegs aber in der heutigen Tauschwirtschaft, was übrigens auch Rodbertus selbst anerkennt. Sie kann daher schon deshalb nicht zur Ableitung eines für die moderne Volkswirtschaft gültigen Satzes dienen. Dies geschieht aber, wenn man wie Rodbertus deduzirt: der Tauschwert eines Gutes gravitirt nach dessen Kosten; folglich, da die Kosten nur in der Arbeit bestehen, auch nur nach dieser [1]). Wir haben die Voraussetzung des Satzes an-

---

[1]) Schon Adam Smith stellte den Satz auf, daß der Tauschwert der Güter durch die zu ihrer Herstellung notwendige Arbeitsmenge bestimmt werde. Die Arbeit, sagt er, sei der wahre Maßstab des Tauschwerts aller Waaren.

Allein die Arbeit, die in ihrem eigenen Werte niemals veränderlich, sei das letzte und wahre Preismaß, wonach der Wert aller Waaren immer und überall geschätzt und verglichen werden könne (Smith, „Volkswohlstand" Buch 1 Kap. 7).

Doch sieht der große britische Nationalökonom nicht gerade sehr klar in der Frage des Maßes des Tauschwertes. So findet er noch zwei andere Maße, ohne den Widerspruch zwischen denselben zu merken.

Ein zweites Maß für den Tauschwert giebt er, indem er sagt: wenn der Preis einer Waare weder höher noch niedriger sei, als er sein müsse, um die Grundrente, den Arbeitslohn und den Gewinn des auf Erzeugung, Bereitung und Feilbietung verwendeten Kapitals nach ihrem natürlichen (d. h. durchschnittlichen) Satze zu bezahlen, so werde die Waare für den Preis verkauft, welchen man ihren „natürlichen" nennen könne. Die Waare werde dann genau für das verkauft, was sie wert sei, oder was sie denjenigen, der sie feilbietet, wirklich koste (Smith a. a. O. Buch 1 Kap. 7).

Ein drittes Maß des Wertes ist endlich bei Smith die Arbeit, nicht etwa, wie vorhin, die zur Produktion eines Gegenstandes verwendete Menge von Arbeit, sondern die Arbeitsmenge, über welche derselbe auf dem Markte verfügen kann.

Will man „die verschiedenen Realwerte einer Waare in verschiedenen Zeiten und Plätzen oder die verschiedenen Grade der Macht über die Arbeit anderer Leute, welche unter verschiedenen Umständen die Besitzer der Waare durch eben diesen Besitz erhalten", vergleichen, so muß man, nach Smith, „in diesem Falle nicht sowol die verschiedenen Quantitäten Silber, für welche sie gewöhnlich verkauft wurde, als die verschiedenen Quantitäten Arbeit, welche für jene verschiedenen Quantitäten Silber zu kaufen waren, vergleichen".

„Demnach ist der Wert einer Waare für denjenigen, der sie nicht selbst zu gebrauchen oder zu verzehren, sondern gegen andere Waaren auszutauschen gedenkt, der Quantität Arbeit gleich, welche er dafür kaufen kann, oder die ihm dafür zu Gebote steht" (Smith a. a. O. Buch 1 Kap. 5).

Von Ricardos Werttheorie ist später im Text ausführlicher die Rede. Hier genügt es, anzuführen, daß er mittels der aufgewandten Arbeit nur den Tauschwert solcher Güter bestimmt wissen will, welche durch die Anwendung menschlicher gefochten und könnten daher ohne Weiteres auch die Folgerung verwerfen. Doch jenes angebliche Gesetz verdient eine eingehendere Widerlegung, eine Widerlegung von anderer Seite aus, sowol wegen seiner geradezu ungeheuren Tragweite für die Sozialökonomie, als auch, weil

---

Arbeit beliebig vermehrt werden können und auf deren Hervorbringung die Konkurrenz ohne Einschränkung wirkt. Und auch bei diesen Gütern läßt er Ausnahmen zu (Ricardo, Grundsätze der politischen Oekonomie und Besteuerung Kap. 1 Abteilung 1). Andererseits bezeichnet er als Tauschwert eines Gutes dessen „Produktionskosten einschließlich der Gewinnste" (a. a. O. Kap. 1 Abteilung 6).

Auch Ricardo bringt nicht zu der Erkenntnis durch, daß diese beiden Maße des Tauschwertes sich widersprechen.

Mac-Culloch behauptet gar ihre Identität. Es sei die Arbeit, sagt er, und allein die Arbeit, welcher der Mensch jedes Ding, das einen Tauschwert besitzt, zu danken habe (Mac-Culloch, Grundsätze der politischen Oekonomie Teil 2 Abschnitt 1). Die zur Produktion oder Okkupation der gesuchten Waaren erforderliche Quantität Arbeit mache das einzige Prinzip aus, wonach ihr Realwert regulirt und bestimmt werde. Wenn keine Monopolien Statt hätten und der zu Markt gebrachte Vorrat von Waaren mit der wirklichen Nachfrage genau übereinstimmte, so wären ihr Tauschwert und ihr Realwert vollkommen einander gleich (Mac-Culloch a. a. O. Teil 3 Abschnitt 1). Es erhelle, daß, insofern das Kapital nichts als das aufgehäufte Produkt vorhergehender Arbeit sei, seine Anwendung das Prinzip nicht abändere, welches den Tauschwert der Waaren von der zu ihrer Produktion erforderlichen Quantität von Arbeit abhängig mache. Die Gewinnste des Kapitals seien blos ein anderer Name für den Arbeitslohn aufgehäufter Arbeit (Mac-Culloch a. a. O. Teil 3 Abschnitt 6).

Nur John Stuart Mill hat mit dem ihm eigenen feinen Takte die Widersprüche seiner Vorgänger vermieden. Im § 1 des sechsten Kapitels des dritten Buches seiner „Grundsätze der politischen Oekonomie" stellt jener größte der Epigonen Ricardos die Grundsätze der Werttheorie übersichtlich zusammen. Er sagt hier, Grundsatz 10: „Wenn man von den gelegentlichen Elementen (z. B. Steuern und Extrakosten, die durch den Seltenheitswert einiger der dazu gehörigen Erfordernisse veranlaßt werden) absieht, so lassen Dinge, welche eine unbeschränkte Vermehrung gestatten, sich natürlich und dauernd gegen einander austauschen in Gemäßheit des vergleichsweisen Betrages von Arbeitslohn, welcher bezahlt werden muß, um sie hervorzubringen, und des vergleichsweisen Betrages des Gewinns, den die Kapitalisten, welche jenen Lohn bezahlt haben, erhalten müssen."

Grundsatz 13 lautet: „Wenn zwei Artikel mit der nämlichen Quantität Arbeit hergestellt sind, und diese Arbeit zu demselben Satze bezahlt wird, wenn ferner der Arbeitslohn für einen gleichen Zeitraum hat ausgelegt werden müssen, und die Natur des Geschäftszweiges nicht erfordert, daß in der Höhe des Kapitalgewinnes ein beständiger Unterschied sei, so werden beide Artikel durchschnittlich sich gegen einander austauschen lassen." Allerdings ist auch diese Fassung nicht ganz präzise. Denn das, was Mill „gelegentliche Elemente" nennt, kommt eben bei allen Waaren vor, da sie ja alle die Verarbeitung von Rohstoffen darstellen. Und selbst wenn man annimmt, daß bei der einen oder anderen Waare der Rohstoff es sich bei andern Sozialisten nicht mit derselben Ableitung, sondern mit — gar keiner findet.

Es ist eine über allen Streit erhabene Thatsache, daß in der heutigen, auf freier Konkurrenz der Einzelunternehmer beruhenden

umsonst zu haben war, so war es jedenfalls nicht bei den zu ihrer Produktion nötigen Werkzeugen, Gebäuden und Stätten der Produktion der Fall. Man darf also nicht das Seltenheitselement im Allgemeinen unberücksichtigt lassen, wie es Mill thut. Auch müssen wir seine spezielle Unterscheidung des Arbeitslohnes und des Kapitalgewinnes für die Wertbestimmung als eine unnütze Weitschweifigkeit ansehen. Es kommt, wie wir glauben, ganz allein auf die Auslagen des Unternehmers an: wofür dieselben gemacht werden, bleibt für den Tauschwert seiner Waaren gleichgültig. Haben zwei Produkte ihren Unternehmern gleiche Kapitalauslagen verursacht, dieselben auf einen Zeitpunkt, vom Augenblick des Verkaufs gerechnet, reduzirt, so werden sie sich auf die Dauer auch gegen einander austauschen.

Sismondi hat ganz und voll sich zu der Theorie der Identität von Tauschwert und aufgewandter Arbeit bekannt. „La valeur mercantile, sagt er, est toujours fixée, en dernière analyse, sur la quantité de travail nécessaire, pour se procurer la chose évaluée: ce n'est pas celle qu'elle a actuellement coûté, mais celle qu'elle coûterait désormais avec des moyens peut-être perfectionnés; et cette quantité, quoiqu'elle soit difficile à apprécier, est toujours établie avec fidélité par la concurrence“ (Sismondi, Études t. II p. 267).

Die in Deutschland in Smiths Fußstapfen tretende Nationalökonomie klärte nicht das Dunkel, das ihr großer Meister in der Frage des Maßstabs des Tauschwertes verbreitet hatte.

So sagt, um nur ein Beispiel anzuführen, Kraus: Arbeit, und zwar, um sie bei ihrer großen Verschiedenartigkeit genauer zu bestimmen, vornehmlich Arbeit von der gemeinsten Art, zeige sich wohl dazu geeignet, das Schätzungsmittel abzugeben, dessen man zur Bestimmung der Realwerte des Silbers und Goldes selbst sowol, als aller anderen käuflichen Dinge bedürfe. Und wir könnten sonach das Quantum gemeiner Menschenarbeit, dem eine Waare beim Kaufe oder Tausche gleichgelte, für ihren Sachpreis erklären (Kraus, „Staatswirthschaft“ I S. 84).

Zur selben Zeit sagt jedoch Kraus, die vollendete Waare müsse über das, was zur Bezahlung des Materials und des Arbeitslohnes hinreiche, noch etwas an Profit dem Unternehmer gewähren, der seinen Verlag (d. h. Kapital) dazu hergegeben (Kraus a. a. O. S. 151). Und er deutet nicht auf den Widerspruch hin, der zwischen diesem Satz und dem vorigen liegt.

Auch Rodbertus hat, wie wir sehen werden, den zwischen den Arbeitskosten und den Produktionskosten des Unternehmers bestehenden Unterschied nicht streng durchgeführt, obwol er auf denselben an mehreren Stellen seiner Schriften hingewiesen hat.

Von allen Sozialisten, die vor Rodbertus schrieben, ist Proudhon der einzige, dessen Werke trotz aller in ihnen herrschenden Willkürlichkeiten ein einigermaßen wissenschaftliches Gepräge tragen. Seine Werttheorie enthält nicht, wie alle die aufgeführten Doktrinen, den Widerspruch, daß der Tauschwert einerseits

Volkswirtschaft der Kapitalgewinn nach Gleichheit in allen Erwerbszweigen strebt. Die Unternehmer werden aus einem Gewerbe, das weniger als den üblichen Kapitalgewinn abwirft, so lange ihre Kapitalien

---

durch die aufgewandte Arbeit und andererseits durch die Auslagen des Unternehmers bestimmt werde. Der geistreiche Franzose umschifft die Klippe des Widerspruchs, an der die aufgeführten Werttheorien noch vor näherer Prüfung scheitern mußten. In der Arbeit bestehen nach ihm die alleinigen Kosten der Produkte. Aber der Wert der Waaren wird sich erst in der Zukunft nach der Arbeit richten, während heute der größtmögliche Nettogewinn das Bestimmende ist.

„Die Arbeit — sagt Proudhon — ist die Quelle des Reichtums. Das Kapital ist die Materie, der Stoff des Reichtums, wie das edle Metall der Stoff der Münze, wie das Getreide der Stoff des Brodes ist, und wie, wenn man die Reihe bis zum Ende verfolgt, Erde, Wasser, Feuer, Luft die Stoffe aller unserer Produkte sind. Die Arbeit aber und nur die Arbeit ist es, welche der Reihe nach jede diesen Stoffen gegebene Nutzbarkeit schafft und sie mithin verwandelt in Kapitalien und Reichtümer. Das Kapital ist verwirklichte Arbeit d. h. verwirklichte Vernunft, verwirklichtes Leben, wie die Tiere und Pflanzen Verwirklichungen der Weltseele sind.

„Der Wert ist das Verhältnis, in welchem alle diese Verwirklichungen der Menschenseele sich das Gleichgewicht halten müssen, um ein harmonisches Ganze hervorzubringen, das als Reichtum für uns das Wohlsein erzeugt, oder vielmehr das Zeichen, nicht der Gegenstand unserer Glückseligkeit ist . . . .

„Der Satz: die Arbeit ist das Prinzip der Verhältnismäßigkeit der Werte, ist das Ziel des Fortschrittes, die Bedingung und Form des gesellschaftlichen Wohlseins.

„Aus diesem Satze folgen die Sätze: jedes Produkt ist wert, was es kostet . . .

„Durch die Idee des gesellschaftlich festgesetzten Wertes oder der Verhältnismäßigkeit der Produkte wird ein unendlicher Fortschritt der Arbeit, des Reichtums und des Wohlseins erreicht.

„Heute dagegen hat der Wert sich noch nicht konstituirt, weil das Monopol Alles an sich gerissen hat, das Land, die Arbeit und die Arbeitswerkzeuge, die Produkte und ihre Verteilung . . . So ist vom Standpunkt des Monopols der Wert nicht mehr jener synthetische Begriff, der dazu dient, das Verhältnis eines besonderen nutzbaren Gegenstandes zur Gesammtheit des Reichtums auszudrücken: das Monopol schätzt die Dinge nicht in Bezug auf die Gesellschaft, sondern in Bezug auf sich, und so verliert der Wert seinen sozialen Charakter, und ist weiter nichts mehr als ein unbestimmtes, willkürliches, egoistisches, wesentlich bewegliches Verhältnis . . . Der Monopolist hat überall das größtmögliche Nettoprodukt im Auge" (Proudhon, „Die Widersprüche der Nationalökonomie" Kapitel 2 u. Kapitel 6; in der Jordan'schen Uebersetzung S. 129—131 u. S. 300—302). —

Wie ist aber das Entstehen des wissenschaftlichen Irrtums, daß die Güter sich nach der an ihnen haftenden Arbeit austauschen, sowie das lange Festhalten an jenem Irrtum erklärlich? Mir scheint die wahrscheinliche Ursache in dem Umstande zu liegen, daß man von einem Urzustande ausging, in welchem überhaupt kein Kapital gebraucht ward und in welchem demzufolge alle Produkte zurückziehen, bis durch das verringerte Angebot der Preis der betreffenden Gewerbsprodukte steigt, und dadurch schließlich der normale Kapitalgewinn abfällt. Andererseits werden den Gewerben, die mehr

---

sich nach ihren Kosten an Arbeit ausgetauscht haben sollten. Dieses urzuständliche Verhältnis wurde dann auf die moderne Tauschwirtschaft übertragen.

Dieser Ausgang vom Urzustande läßt sich bei Adam Smith und Ricardo ganz deutlich nachweisen.

So sagt Smith: „In dem ersten rohen Zustande der Gesellschaft, welcher der Kapitalanhäufung und Landaneignung vorhergeht, scheint das Verhältnis der zur Beschaffung verschiedener Dinge nötigen Arbeitsquantitäten das Einzige zu sein, was eine Regel für den Tausch derselben abgeben kann. Wenn es z. B. unter einem Jägervolke zweimal soviel Arbeit kostet, einen Biber zu erlegen, als das Erlegen eines Hirsches erfordern würde, so wird natürlich ein Biber zwei Hirsche wert sein oder dafür in Tausch gehen. Es ist natürlich, daß dasjenige, was gewöhnlich das Produkt von zweier Tage oder zweier Stunden Arbeit ist, doppelt so viel wert sei als das, was das Produkt von eines Tages oder einer Stunde Arbeit zu sein pflegt" (Smith a. a. O. Buch 1 Kapitel 6).

Aehnlich sagt Ricardo: „Auf den frühesten Stufen der Entwickelung der Gesellschaft hängt der Tauschwert dieser Güter oder die Regel, welche bestimmt, wieviel von dem einen im Tauschverkehre für ein anderes hingegeben werden darf, fast ausschließlich von der verglichenen Arbeitsmenge ab, welche auf ein jedes verwendet worden war" (Ricardo a. a. O. Kapitel 1 Abteilung 1). Und Ricardo zitirt alsdann die auch eben von uns angeführte Stelle aus Smiths „Volkswohlstand".

Mac-Culloch folgt natürlich dem Beispiel seines großen Meisters. „In jener entfernten Periode, sagt er, welche der Einführung des Landeigentums und der Anhäufung vom Kapital voraufgeht, — als die Menschen ohne feste Wohnungen auf der Oberfläche der Erde umherschweiften und von der Arbeit lebten, welche blos zur Aneignung der freiwilligen Produkte des Bodens notwendig war, gehörte das ganze Produkt der Arbeit dem Arbeiter, und die Quantität Arbeit, welche angewandt wurde, um sich die verschiedenen Artikel zu verschaffen, mußte offenbar den einzigen Maßstab ausmachen, nach welchem ihr relativer Wert oder ihr Tauschwert geschätzt werden konnte" (Mac-Culloch a. a. O. Teil 3 Abschnitt 4). Und nunmehr zitirt Mac-Culloch dieselbe Stelle aus Smith wie Ricardo.

Allerdings bei Rodbertus läßt sich die Entstehung der Ansicht, daß der Tauschwert der Produkte zur Arbeit gravitire, nicht auf dieselbe Weise wie bei den Briten erklären. Denn weit entfernt, daß Rodbertus die Richtigkeit dieses Satzes im Naturzustande der Menschheit zugiebt, — es läßt sich vielmehr aus den Stellen, wo er desselben erwähnt, die Kritik jener Ansicht und die richtige Theorie der Gestaltung des Wertes im Naturzustande herausziehen. Unserem Denker zufolge gab es damals „nur isolirte Tauschfälle". Diese Ansicht ist auch richtig, weil a priori anzunehmen ist, daß in den meisten Fällen die Gewalt, die stärkere Macht entschieden habe. Bei isolirten Tauschfällen wird das Maß der Vergeltung, der Tauschwert, von der Dringlichkeit des Bedürfnisses und dem Vorrat des Produkts bei Jedem der Tauschenden, d. h. von dem individuellen Begehr und Angebot abhängen (Rodbertus, „Zur Beleuchtung" S. 43).

als den üblichen Gewinn abwerfen, so lange neue Kapitalien zuströmen, bis durch das vermehrte Angebot der Preis der in Betracht kommenden Gewerbsprodukte sinkt, und infolgedessen schließlich nur der normale Kapitalgewinn abfällt.

Diese Tendenz der Kapitalgewinne zur Gleichheit ist so einleuchtend, daß sie bisher noch nirgends geleugnet worden ist. Auch Rodbertus erkennt sie an. „Keiner — sagt er — legt seine Fonds in einem Unternehmen an, das ihm nicht denselben proportionalen Gewinn wie alle übrigen abwirft"[1]). Ja, Rodbertus nennt „das Gesetz, daß sich der Kapitalgewinn überall gleich zu stellen sucht", „ohne Zweifel gewisser" als „das von Ricardo und Mac-Culloch behauptete Gesetz, daß sich auch im Einzelnen die Produkte nach der auf ihnen haftenden Arbeit vertauschen"[2]). Nichtsdestoweniger baut er sein ganzes

---

Gegen diese Theorie läßt sich, wie ich glaube, nichts Erhebliches einwenden. Denn es kann unmöglich von irgend einem regulirenden Prinzip beim Austausch die Rede sein, da dieses ja gerade nur bei regelmäßigem Tauschverkehr zur Anwendung kommen kann. Smith allerdings nennt es „natürlich, daß dasjenige, was gewöhnlich das Produkt von zweier Tage oder zweier Stunden Arbeit ist, doppelt so viel wert sei, als das, was das Produkt von eines Tages oder einer Stunde Arbeit zu sein pflegt". Und Ricardo und Mac-Culloch sprechen es Smith nach. Aber woher kommt es denn eigentlich, daß heute alle Preise nach einem gemeinsamen Zentralpunkt, nach den Produktionskosten, streben? Doch nur daher, daß einer Menge von Käufern gegenüber eine Menge von Verkäufern steht, welche sich je nach den wirklich gezahlten Preisen vermehren oder vermindern können. Und gerade je leichter das der Fall ist, je mehr also der „vereinzelte" Tausch ausgeschlossen ist, in desto engeren Grenzen bewegt sich der Preis. Es ist also im Gegensatze zu Adam Smith wie überhaupt zu der britischen Oekonomik und zu den ihr folgenden Lehren zu betonen, daß, soweit überhaupt im Urzustande Tauschfälle vorkamen, ihr Prinzip das jeweilige Angebot und die jeweilige Nachfrage gewesen, welche ihrerseits auf keinerlei Weise regulirt waren. —

Aber jene irrtümliche Ansicht, daß heute der Tauschwert mit der darauf haftenden Arbeit identisch sei, läßt sich durch die Hypothese der Uebertragung eines angeblich in der Urzeit geltenden Gesetzes auf die Gegenwart um so besser erklären, als diese Uebertragung gefördert werden mußte durch die Erkenntnis, daß sich die Kapitalien sämmtlich im Arbeitsquanta auflösen lassen, und den vielleicht vorausgesetzten Fall, daß die zur Herstellung zweier Produkte notwendigen Kapitalien bei beiden entsprechend verteilt wären, d. h. denselben Prozentsatz ihres Wertes ausmachten. Denn in diesem Falle gravitirt ihr Tauschwert auch heute wirklich nach der aufgewandten Arbeit. Weiß ich z. B. von zwei Waaren, daß die zu ihrer Herstellung verwendeten Kapitalien im Ganzen je 150 % der für Arbeitslöhne verwendeten Summen ausmachen, so kann ich unbedenklich sagen, sie tauschen sich im Verhältnis der in ihnen enthaltenen unmittelbaren Arbeitsquantitäten aus.

[1]) Rodbertus, „Zur Erkenntniss" S. 131.

[2]) Rodbertus a. a. O. S. 131.

sozialtheoretisches Gebäude auf dieses letztere Gesetz. Dasselbe wird aber unseres Erachtens durch die Tendenz des Kapitalgewinnes zur Gleichheit bis zur Unkenntlichkeit modifizirt, ja, wir können geradezu sagen, außer Kraft gesetzt.

Zeigen wir das an einem Beispiel. Vorausgesetzt sei ein Land, in dem gleich fruchtbarer und gut gelegener Boden im Ueberflusse vorhanden ist, so daß es sich für Jeden, der nur das nötige Betriebskapital dazu hat, ebensogut lohnt, Landwirt, wie Gewerbetreibender zu werden. Das Produkt des Ackerbauers läuft nun nach einander durch die Hände des Fabrikanten, des Großkaufmanns, des Detaillisten, bis es in die Hände des Publikums gelangt. Es ist nun klar, daß zufolge der Gleichheitstendenz der Kapitalgewinne alle diese Unternehmungen, vom Landwirt bis zum Detaillisten, gleiche Gewinne — versteht sich proportional ihren Kapitalien — machen werden.

Anders unter Zugrundelegung der Gravitation des Tauschwerts nach der Arbeitsmenge! Nehmen wir der Einfachheit halber an, das Produkt des Grundbesitzers wie das Zusatzprodukt jedes folgenden Produzenten betrage 100 Stunden; der für 100 Stunden zu zahlende Arbeitslohn sei gleich dem Produkt von 50 Stunden. Dann wird jeder der Unternehmer einen Gewinn von (Produkten im Werte von) 50 Stunden machen. Aber ist der Gewinn wirklich ein gleicher? Der Landwirt hat ein Kapital von (Produkten im Werte von) 50 Stunden ausgelegt, der Fabrikant, der den Rohstoff gekauft hat, ein solches von 150 Stunden, der Großkaufmann ein solches von 250 Stunden, der Detaillist ein solches von 350 Stunden. Da nun alle diese Unternehmer denselben Gewinn von (Produkten im Werte von) 50 Stunden gemacht haben, so hat der erste 100 % seines ausgelegten Kapitals verdient, der zweite $33\frac{1}{3}$ %, der dritte 20 % und der vierte $14\frac{2}{7}$ %. Um die Sache recht anschaulich zu machen, wollen wir voraussetzen, der Wert einer Stunde Arbeit sei gleich einer Mark. Dann hat der Grundbesitzer eine Auslage von 50 Mark für Arbeitslöhne zu machen. Er verkauft sein Produkt für 100 Mark an den Fabrikanten. Dieser hat außer dieser Summe ebenfalls 50 Mark an Arbeitslöhnen zu zahlen; demgemäß beträgt seine Gesammtausgabe 150 Mark. Seine Produkte nimmt ihm der Großhändler für 200 Mark ab. Dessen Betriebsfonds enthält ferner noch 50 Mark zu Löhnen. Seine Waare wird ihm vom Detaillisten mit 300 Mark abgekauft. Dieser verbraucht noch 50 Mark an Löhnen und setzt dann sämmtliche Produkte für 400 Mark ab. Man sieht, wenn die Tendenz des Tauschwerts zur Arbeitsmenge richtig wäre, so müßte derjenige, der die Reihe der ein Produkt verarbeitenden Unternehmer beginnt, einen verhältnismäßig größeren Gewinn machen als der folgende, dieser wiederum als der nächstfolgende u. s. f.

Das ist aber ein Unding; denn es schlägt dem nach Rodbertus' eigenem Ausspruche „gewissen" Gesetz der Gleichheitstendenz der Kapitalgewinne geradezu ins Gesicht. Es läßt sich übrigens auch jene notwendige Folgerung aus dem Gesetze der Gravitation des Tauschwerts nach der Arbeit durch die einfache Erwägung widerlegen, daß sich dann alle Unternehmer zum ersten Stadium der Produktion drängen würden.

Da der formell-logisch richtige Schluß inhaltlich falsch ist, ist es auch dessen Voraussetzung, der bestrittene Satz selber. Und aus diesem leitet unser Autor in der eben dargelegten Weise die Grundrente als einen Plus-Profit des Landwirts über den Gewinn der anderen Unternehmer hinaus ab.

„Unter der Voraussetzung — wir zitiren hier Rodbertus wörtlich, um seine Ansicht über die Grundrente desto klarer hervortreten zu lassen, — also unter der Voraussetzung, die auch Ricardo als die Grundlage aller seiner Untersuchungen annimmt, daß sich das Rohprodukt wie das Fabrikationsprodukt nach der Kostenarbeit (d. h. nach den auf ihnen haftenden Arbeitsquantitäten) vertauschen, daß der Wert des Rohprodukts nur äqual seiner Kostenarbeit ist, muß von dem auf das Rohprodukt fallenden Rentenanteil nach Abrechnung des Kapitalgewinnes immer etwas zu Grundrente übrig bleiben, der Wert des Rohprodukts mag so gering oder so groß sein, wie er will" [1]).

Rodbertus hat vollständig Recht: seine Grundrententheorie ist unanfechtbar, **wenn** seine Voraussetzung zutrifft, daß sich die Produkte äqual ihrer Kostenarbeit vertauschen. Dies kann aber, wie wir eben auseinandergesetzt haben, nie der Fall sein, weil sonst das Produkt auch in allen folgenden Verarbeitungsstadien mit Ausnahme des allerletzten eine Extra-Rente abwürfe. Zu diesem Resultat hätte auch Rodbertus konsequenterweise gelangen müssen. Aber dann hätte ihm ja nicht verborgen bleiben können, auf welchen Irrweg er geraten war.

Rodbertus hat nun im Anschluß an seine „Theorie" folgendes „Problem" für die Freunde der Ricardo'schen Grundrententheorie aufgestellt [2]):

---

[1]) Rodbertus, „Zur Beleuchtung" S. 109.

[2]) Rodbertus a. a. O. S. 112—113; Hildebrands Jahrb. 1870 Bd. 14 S. 468.

Er nimmt eine „isolirte“ kreisförmige Insel an, auf der Privateigentum an Grund und Boden herrscht. Im Zentrum der Insel soll die Stadt liegen, in der alle Fabrikation betrieben wird. Der Umkreis derselben soll nur zur Rohproduktion dienen. Alle Gutskomplexe sollen nun von der Stadtmauer bis zum Ufer reichen. Der Acker ist überall von gleicher Bonität. Die Rohprodukte werden an die Städter verkauft und die Fabrikate von den Landleuten wieder zurückgekauft.

„Der Wert sowol des Rohprodukts wie des zusätzlichen Fabrikationsprodukts soll sich genau nach der auf ihnen haftenden Produktions-Arbeitssumme richten — d. i. der aufgewendeten Quantität unmittelbarer Arbeit und der nach Maßgabe der Abnutzung der Werkzeuge hinzuzurechnenden Quantität mittelbarer Arbeit — und nach diesem Wert sollen Rohprodukt und Fabrikationsprodukt gegen einander vertauscht werden.“

Der Wert des Rohprodukts wie des Fabrikationsprodukts ist also hier „als der denkbar normalste“ vorausgesetzt.

Auf dieser Insel nun, auf welcher — wie Rodbertus meint — keine der Voraussetzungen, die nach Ricardo allein erst die Grundrente zu erzeugen im Stande sind, existirt, soll doch unter allen Umständen Grundrente abfallen.

Rodbertus hat sich bei Stellung dieses Problems von der ausdrücklich ausgesprochenen Annahme [1]) leiten lassen, daß Ricardo als einzige Ursache der Entstehung von Grundrente die Verschiedenheit der Bodenqualität angesehen habe. Nun sagt aber Ricardo wörtlich Folgendes: „Wenn aller Boden die nämlichen Eigentümlichkeiten hätte, wenn seine Flächenausdehnung keine Grenzen hätte, wenn derselbe allgemein von gleicher Beschaffenheit wäre, so könnten für dessen Benutzung keine Lasten bedungen werden, ausgenommen, wo er mit seiner Lage ganz besondere Vorteile gewährte. Es wird demnach blos aus dem Grunde eine Rente entrichtet, weil der Boden nicht in unendlicher Menge und allgemein gleicher Beschaffenheit vorhanden ist und bei zunehmender Bevölkerung Boden von geringerer Beschaffenheit oder weniger vorteilhafter Lage zum Anbau genommen wird“ [2]).

Diese Stelle beweist, daß Ricardo als Ursache der Bodenrente

---

[1]) Rodbertus, „Zur Beleuchtung“ S. 112 Anm. 89.

[2]) Ricardo, „Grundſ. d. pol. Oek. u. d. Best.“ Kap. 2.

nicht nur die Verschiedenheit der Grundstücke nach Qualität und Lage angesehen hat — wie Rodbertus bei Aufstellung seines Problems annahm —, sondern daß jener geniale Oekonomist als unumgängliche Voraussetzung der Grundrente auch die Beschränkung des Bodens d. h. das Bodenmonopol anerkennt.

Ist dem aber so, dann hätte unser Denker, wenn er anders Ricardo durch sein Problem widerlegen wollte, annehmen müssen, daß das Land auf seiner isolirten Insel in unbeschränkter Menge vorhanden sei, und er hätte dann weiter nachweisen müssen, daß auch unter dieser Voraussetzung notwendig Grundrente abfiele. Dieser Nachweis wäre ihm aber nimmermehr geglückt; denn wenn eine unendliche Menge Landes da ist, wenn also in Folge dessen sich Jeder, der da will, dem Ackerbau zuwenden kann, so wird derselbe auf die Dauer nicht mehr und nicht weniger abwerfen, wie jedes andere Gewerbe: es wird demgemäß das Land auf die hineingesteckten Kapitalien zwar den normalen Kapitalgewinn ergeben, keineswegs aber eine Grundrente.

Läßt man aber, wie Rodbertus es bei seinem Problem gethan hat, die Bestimmung fort, daß das Land in unbegrenzter Menge vorhanden sein solle, so muß auch nach Ricardos Theorie Grundrente abfallen. Denn wie wir bewiesen haben, muß nach diesem der Boden stets Rente abwerfen, wenn er in begrenzter Menge da ist. Das Rodbertus'sche Problem kann also nicht nur nicht als Widerlegung der Ricardo'schen Rententheorie aufgefaßt werden, sondern es muß sogar als eine Bestätigung derselben gelten. —

Wenn aber in der modernen Tauschwirtschaft der Tauschwert der Produkte sich nicht nach den in ihnen verkörperten Arbeitsquantitäten richtet, wonach denn? — Nun, nach den zu ihrer Herstellung notwendigen Kapitalien, diese auf einen und denselben Zeitpunkt reduzirt. Der Preis der beliebig vermehrbaren Produkte strebt dahin, sich den zu ihrer Reproduktion erforderlichen, auf einen Zeitpunkt reduzirten Kapitalmengen plus normaler Kapitalrente gleichzustellen. Diesen Preis können wir den „tauschwirtschaftlichen“ oder kurzweg den „natürlichen“ Preis nennen. Diejenigen Waaren, für welche ein Monopol besteht (sei es ein natürliches, wie z. B. bei den Bodenprodukten, oder ein künstliches, wie z. B. bei den Zigarren nach Einführung des Tabaksmonopols) können bei kältestem Egoismus einen Aufschlag über ihren „natürlichen Preis“ hinaus nur bis dahin erleiden, wo ihre Konsumtion so stark zurück geht, daß der Gesammtgewinn des Produzenten sich verringert. Selbstverständlich ist auch dieser Satz cum grano salis zu verstehen.

Wenn nun aber Rodbertus das Gesetz der Gravitation der Tauschwerte nach der aufgewandten Arbeit durch Berufung auf Ricardo zu stützen sucht, so können wir ihm das Recht zu dieser Berufung nur unter Bedenken zugestehen. Denn jener berühmte Oekonomist erklärte in seinen Grundgesetzen der Volkswirtschaft u. s. w. (in den Ueberschriften der vierten und fünften Abteilung des ersten Kapitels) ausdrücklich, daß jenes Gesetz „durch die Anwendung von Maschinen als stehendem Kapital sowie durch die ungleiche Dauerhaftigkeit des Kapitals und durch die ungleiche Schnelligkeit, mit welcher es seinem Verwender erstattet wird, beträchtlich umgestaltet wird".

Ferner sagt Ricardo, daß er nicht behaupte, „daß die Güter einen ihren Arbeitskosten gleichen Tauschwert hätten, sondern nur, daß sie nach dem Verhältnisse ihrer Arbeitskosten ausgetauscht würden" (Ricardo, „Grundsätze der Volkswirtschaft und Besteuerung" Kap. 1 Abteil. 6).

Und wenn gar Rodbertus ihn deshalb angreift, weil er angeblich behaupte, daß der Tauschwert der kostenden Arbeit gleich sei, während derselbe blos dahin gravitire, — so brauchen wir dagegen nur anzuführen, daß Ricardo ausdrücklich sagt, es gebe kein einziges Gut, das nicht zufälligen und zeitweisen Abweichungen des wirklichen oder Marktpreises von den zu seiner Produktion nötigen Arbeitsmengen unterworfen sei (Ricardo a. a. Kap. 4).

Ueberdies nimmt Ricardo von jenem Gesetz die durch Arbeit nicht beliebig vermehrbaren Güter, also die Seltenheitsstoffe, aus (Ricardo a. a. O. Kap. 1 Abteil. 1); ebenso alle die Güter, welche eine „Rente" abwerfen, also die Boden- und Bergwerksprodukte. (Ricardo a. a. O. Kap. 2 und Kap. 3).

Allerdings hat sich auch Ricardo nicht zu vollständiger Klarheit in dieser Frage durchgearbeitet. Denn sonst hätte er bemerken müssen, daß jenes angebliche Gesetz durch die Anwendung des Kapitals nicht nur gestört wird, sondern überhaupt nicht existirt. —

Nun giebt es auch nach Rodbertus eine Waare, deren Tauschwert nicht der zu ihrer Herstellung notwendigen Arbeit gleich ist: es ist die Arbeit selber. Der Arbeiter erhält für sie als Lohn nicht das Aequivalent, nicht ein gleichwertiges Produkt. Weshalb giebt aber der Arbeiter seine Waare zu einem Schleuderpreise fort? Hat er nicht die volle persönliche Freiheit? Wer verwehrt ihm die beliebige Ausnutzung seiner Arbeitskraft?

Das ist richtig, sagt Rodbertus; aber es ist auch das Einzige, was der Arbeiter hat. Und er will doch leben! Um zu leben, muß er produziren. Die Produktionsmittel aber sind in den Händen Anderer, der Grund- und Bodenbesitzer. Die Arbeiter werden daher sich mit einem Teile ihres Arbeitsprodukts, einer Abfindung begnügen müssen, während der Rest als Rente den verschiedenen Besitzerklassen zufallen wird. Dieselben werden sich nun, unserm Denker zufolge, in die „Beute" teilen nach den Grundsätzen, die in dem angeführten Gesetz der Gravitation des Tauschwerts nach der Arbeit ihren Ursprung haben. Der Kapitalist erhält die „Kapitalrente" oder den „Kapitalgewinn"; der Grundbesitzer empfängt abgesehen von der „Kapitalrente" für die zum Landwirtschaftsbetrieb verwendeten Kapitalien auch noch die „Grundrente". Wenn aber die gesellschaftliche Organisation der Art ist, daß die produktive Verwendung von Boden und Kapital Grundrente oder Kapitalgewinn abwirft, so kann auch schon der bloße Besitz von Boden und Kapital ohne eine eigene, auf die Produktion bezügliche Thätigkeit der Besitzer eine fortdauerde Quelle von Rente für sie sein. Dies geschieht, indem dieselben ihren Boden oder ihr Kapital Andern zu jener produktiven Verwendung und also zum Bezuge von Grundrente oder Kapitalgewinn unter der Bedingung der einstigen vollständigen Rückgabe des Bodens oder Kapitals und außerdem einer einstweiligen regelmäßigen Abgabe davon überlassen. Diese Abgabe wird selbstverständlich aus der Grundrente oder dem Kapitalgewinn, welche mittels des überlassenen und produktiv verwendeten Bodens oder Kapitals bezogen werden, bezahlt und konstituirt daher eine neue Teilung der Rente überhaupt. Hierdurch werden einige neue wichtige Begriffe in die Sozialwirtschaftslehre eingeführt. Der Besitzer von Kapital heißt als solcher vorzugsweise „Kapitalist"; der produktive Verwender heißt „Unternehmer"; die regelmäßige Abgabe, welche dem Kapitalisten von dem Unternehmer für das überlassene Kapital aus dem Kapitalgewinn bezahlt wird, heißt „Zins"; der Teil des Kapitalgewinnes, welcher dem Unternehmer bleibt, heißt „Unternehmergewinn"; die regelmäßige Abgabe, welche ein landwirtschaftlicher Unternehmer für den von dem Besitzer ihm überlassenen Boden bezahlt, heißt „Pacht"; er selbst „Pächter".

Den Unternehmern gegenüber begehen die Grundbesitzer und Kapitalisten kein Unrecht, wenn sie außer Rückgabe des Kapitals Pacht oder Zinsen fordern. Denn Grundrente und Kapitalgewinn werden erst nach vollständiger Instandhaltung oder Wiederergänzung des Grundstücks oder Kapitals berechnet und bezogen, und es ist also damit nicht blos die Möglichkeit gewährt, dereinst Grundstück oder Kapital vollständig wiederzuersetzen, sondern auch ein regelmäßig wiederkehrender

Fonds gegeben, aus welchem Pacht oder Zinsen bezahlt werden können. Andererseits werden die Unternehmer lediglich durch das Eigentum der Besitzer in den Stand gesetzt, Grundrente oder Kapitalgewinn zu beziehen.

Das Unrecht also, welches man in dem Zinsenbezuge zu finden glaubt und konsequent auch in dem Pachtbezuge finden müßte, liegt nach Rodbertus nicht in der Teilung der Grundrente oder des Kapitalgewinnes unter Besitzer und Unternehmer, sondern in der Erbeutung selbst, in dem Bezuge von Grundrente oder Kapitalgewinn, aus denen Pacht oder Zinsen bezahlt werden. Hierin soll aber ganz gewiß ein Unrecht liegen. Denn in der Rente erhält der Besitzer ein Einkommen ohne eigene Arbeitsleistung, also auf Kosten des Arbeiters. Und das einzig gerechte Einkommens-Verteilungs-Prinzip ist zufolge Rodbertus: Jedem nach seinen Opfern d. h. nach seiner Arbeit.

Die Kritik hat hiermit ihren Höhepunkt erreicht. Rodbertus hat über diejenige Institution, welche die Grundveste der gesammten bestehenden Gesellschaftsordnung ist, zu Gericht gesessen. Er hat das Privateigentum auf der Wage der ausgleichenden Gerechtigkeit gewogen und hat es zu leicht befunden.

Aber ist denn seine Kritik unanfechtbar? Die Richtigkeit des Satzes, daß in der modernen Volkswirtschaft das Einkommen eines Jeden nicht im Verhältnis zu seiner Arbeit steht, scheint unbestreitbar. Ja man möchte fast mit Mill meinen, daß das Einkommen eines Menschen um so geringer sei, je mehr er sich abmühen und eine je unangenehmere Arbeit er verrichten müsse.

Auch darf man nicht jenes Postulat der Verteilung: „Jedem nach seiner Arbeit", unbedingt verwerfen. Bestimmt uns doch schon ein tiefinnerer Instinkt, dem, der mit derselben Anstrengung Größeres erreicht hat, als wir, sein „Glück" zu neiden! Aber das ist nicht ausschlaggebend. Die Frage ist: genügt die Privateigentumsinstitution dem obersten Prinzip, d. h. dem Zweck der menschlichen Gesellschaft?

Als solcher erscheint uns das größtmögliche Glück der größtmöglichen Anzahl. Ihm sollen alle gesellschaftlichen Einrichtungen dienen: der Staat, die öffentlichen Körper und die gesammte wirtschaftliche Ordnung. Legen wir diesen Maßstab an das Privateigentum an Produktionsmitteln, so hängt das Urteil über dieses von der Entscheidung der Vorfrage ab, ob jene Institution durch irgend eine andere gesellschaftliche Organisation genügend ersetzt werden kann. So lange das Letztere nicht der Fall ist, muß das Privateigentum mit allen seinen Folgen, also vor Allem mit dem privaten Rentenbezug, wohl oder übel in Kauf genommen, ja als zweckentsprechend, wohlthätig und glückbringend anerkannt werden [1]). Wir vermögen daher nicht Rodbertus beizustimmen, wenn er das Grund- und Kapitaleigentum ein Unrecht nennt und trotzdem dasselbe für die heutige Zeit notwendig hält; wenn er nicht glaubt, daß der freie Wille der Gesellschaft heute schon stark genug sei, um den Zwang zur Arbeit, den jene Institution übe, unnötig zu

[1]) Man wird hier nicht den Einfluß der grundlegenden Lehren Ad. Wagners verkennen. Doch weicht die oben ausgeführte Ansicht von derjenigen Wagners ab. Dieser nimmt an, daß solange die Beseitigung des Kapitaleigentums nicht praktisch durchführbar sei, „die spezifische Art der Arbeit, welche in der Bildung und Verwendung der Privatkapitalien in diesem Prozeß und in der Leitung von Privatunternehmungen liegt, notwendig mit zu derjenigen Arbeit gerechnet werden müsse, welche die Produkte wirtschaftlich kosten" (Wagner, „Volkswirtschaftliche Grundlegung", 1. Aufl. S. 512; 2. Aufl. S. 592). Auf diese Ansicht beruft sich auch Wagner ausdrücklich als Einwand gegen die Sozialisten und speziell gegen Rodbertus (Ztschr. f. d. ges. Staatsw. Bd. 34 Jahrg. 1878 S. 218—219). Wir hingegen glauben, daß die Besitzrente, auch wenn und solange als man das Grund- und Kapitaleigentum als unersetzbar ansieht, keineswegs als Entschädigung für irgend welche geleistete Arbeit anzusehen ist. Sofern der Besitzer Arbeit leistet — also bes. die sogenannte „Unternehmer-Arbeit" oder die „Kapitalbildungs- und Kapitalverwendungs-Arbeit" —, fällt die Vergütung dieser Arbeit der Besitzer unter die Kategorie „Arbeitslohn". Derselbe müßte auf die Dauer der in dieser Arbeit steckenden Unlust momentan entsprechen. Nun erhält aber der Besitzer zu diesem durch die Unlustmomente bestimmten Arbeitslohn noch ein Plus. Dieses Plus ist die reine „Rente", ist das, was der Besitzer ohne ein entsprechendes Aequivalent an Arbeit, ja ohne irgend welche Arbeit erhält. Und dieses Plus kann seine ökonomische Rechtfertigung nur in der Ansicht finden, daß heute das Privateigentum an Produktionsmitteln zur Wahrung des gesellschaftlichen Produktionsinteresses unentbehrlich ist und daß man damit die notwendige Folge jenes Privateigentums, die Rente, mit in den Kauf nehmen muß.

Wir sagen also: jene Kapitalbildungs- und Kapitalverwendungs-Arbeit wird in der heutigen Wirtschaftsordnung unter so eigentümlichen Umständen verrichtet, daß sie notwendig teurer bezahlt werden muß als jede andere Arbeit, daß sie notwendig „Rente" abwerfen muß. Diese Rente kann dann einzig und allein durch den Beweis gerechtfertigt werden, daß die heutige Wirtschaftsordnung nicht durch eine bessere zu ersetzen ist. Aber wenn man auch diesen Beweis geliefert haben sollte, so muß man noch untersuchen, ob nicht die Inhaber der reinen Besitzrenten auf Grund der in ihren Händen befindlichen Macht mehr Rente beziehen, als zu der genügenden Vergütung ihrer spezifischen Leistung notwendig ist, und ob es nicht Mittel und Wege giebt, den etwaigen über das „Gesellschaftlich-Notwendige", wie wir es nennen wollen, hinausgehenden Teil der Rente zu Gunsten der Gesammtheit zu eliminiren.

machen; wenn er ausdrücklich erklärt, daß die sittliche Kraft der Gesellschaft noch nicht groß genug sei, um das gelobte Land der Erlösung von Grund- und Kapitaleigentum durch freie Arbeit erwerben und behaupten zu können. Denn man darf nicht gesellschaftliche Institutionen mittels irgend eines abstrakten Prinzips anstatt vom Standpunkt des Gesellschaftszwecks aus beurteilen, will man sich nicht dem Vorwurf der Einseitigkeit und des Doktrinarismus aussetzen.

In einer ganz anderen Lage als Rodbertus befindet sich der extreme Sozialdemokrat, welcher die sofortige Einführung des allbeglückenden Sozialstaates für möglich und nützlich hält: er ist — von seinem, unserer Ansicht nach allerdings sehr irrigen Standpunkt aus — zu einem verdammenden Urteil über das Privateigentum berechtigt. Verhindert dieses doch, nach seiner Ansicht, die Realisirung des Menschheitszweckes, des möglich größten Allgemeinwohls.

Wir wollen damit durchaus nicht den Begriff der Gerechtigkeit aus der Gesellschaft verbannen. Wir wollen ihn blos dem Zwecke der Menschheit unterordnen. Nur so weit, aber auch eben so weit, als es dieser gestattet, soll die Gerechtigkeit durchgeführt werden. Von diesem Standpunkt aus kann nur das als gerecht gelten, was dem Prinzip der universellen Glückseligkeit entspricht: daher auch das Privateigentum; wenigstens wenn man nicht der, wie wir glauben, grundfalschen Ansicht huldigt, daß bereits heute oder in absehbarer Zeit der Sozialstaat mit Erfolg möglich sei.

Andererseits werden wir die städtische Häuserrente wirklich für eine Schädigung der Gesammtheit erklären müssen, wenn wir mit mehreren hervorragenden Nationalökonomen meinen, daß das Privateigentum an Häusern schon in der Gegenwart durch das Gemeineigentum ersetzt werden könne.

Daher ist man auch unter der Annahme der Notwendigkeit des privaten Grund- und Kapitaleigentums genötigt, anzuerkennen, daß es unter den jeweiligen Verhältnissen einen „notwendigen Rentenbetrag" giebt, d. h. einen Betrag der Rente, welcher hinreicht, die Besitzer zu einer genügenden Kapitalverwaltungs- und Kapitalbildungs-Arbeit zu veranlassen. Ist nun der faktische Rentenbetrag größer, so wird man von jenem Standpunkte aus nicht umhin können, das Plus als soziales Unrecht zu bezeichnen. Wiewol nun dieser notwendige Rentenbetrag in der Praxis nicht genau auszurechnen sein wird, ist er doch begrifflich wichtig zur

Entscheidung der Frage, wie weit eine Sozialreform in der Beschneidung der Renten gehen könne, ohne volkswirtschaftlich Schaden anzurichten.

Schließlich müssen wir noch zu den Extra-Renten Stellung nehmen. Es giebt viele Zweige der Produktion, in denen neben dem üblichen Gewinnbetrage auch auf die Dauer höhere Gewinnste in größerem oder geringerem Maße abfallen. Es beruht dies auf einem besondern Monopole gewisser Unternehmungen — wobei wir natürlich von der Befähigung des Unternehmers, die ja ebenfalls ein Monopol in gewissem Sinne ist, absehen.

In der Rohproduktion ist es ja allgemein anerkannt, daß fast alle Unternehmungen eine größere oder geringere Extra-Rente über den üblichen Kapitalgewinn hinaus abwerfen. Aber auch in der Industrie ist das sehr oft der Fall, wenn auch lange nicht in demselben Maße wie in der Urproduktion. Wenn man nun auch anerkennt, daß in den betreffenden Zweigen die privatkapitalistische Produktion noch für lange Zeit hinaus beizubehalten ist, muß man denn auch die Extra-Renten in den Kauf nehmen?

Hier liegt der Gedanke nahe, diese außergewöhnlichen, durch Monopolstellungen oder Konjunkturen entstehenden Renten durch die Besteuerung erfassen. Dieselbe müßte so eingerichtet sein, daß sie periodisch, je nach dem Wachstum oder dem Fallen der Extra-Renten, mehr oder weniger vom Ertrage der dieselben abwerfenden Unternehmungen abschnitte. Zwar dürfte es auch in diesem Falle schwer fallen, den ganzen Betrag der Extra-Renten zu Gunsten der Gesammtheit aus den privaten Unternehmungen zu eliminiren. Auch ist zu bedenken, daß in der Industrie die Aussicht auf Extra-Renten häufig die treibende Kraft zu wichtigen Verbesserungen und Erfindungen bildet.

Was den landwirtschaftlichen Betrieb unter ungewöhnlich günstigen Bedingungen betrifft, so werden diese Bedingungen häufig die Folge von Meliorationen sein, die nicht stattgefunden haben würden, wenn der Grundbesitzer nicht die Sicherheit gehabt hätte, daß er allein den Vorteil dieser Verbesserungen genießen werde.

Von einer einfachen Einziehung der eigentlichen Bodenrente mittels der Besteuerung kann auch schon deswegen nicht die Rede sein, weil viele Grundbesitzer diese Rente gar nicht beziehen, da sie den kapitalisirten Wert derselben im Kaufpreise bezahlt haben. Wollte man daher die Grundrente zu Gunsten der Gesammtheit fortnehmen, so müßte dies entweder im Wege einer langsamen Amortisation geschehen — indem den bisherigen Grundbesitzern eine Reihe von Jahren hindurch eine Rente von Seiten des Staates gewährt würde —, oder es wäre auf irgend eine andere, die Grundbesitzer zufriedenstellende Weise zu bewerkstelligen. Solche Methoden sind schon vorgeschlagen worden, und zwar, was ganz besonders interessant ist, keineswegs von Sozialisten, sondern von unbedingten Anhängern des Laisser-faire, wie z. B. von Gossen[1]) in seiner „Entwickelung der Gesetze des menschlichen Verkehrs und der daraus fließenden Regeln für menschliches Handeln" (1854). Derselbe, welcher im Allgemeinen den Weg der völligen Verkehrsfreiheit als die Bahn bezeichnet, die die Menschheit zu wandeln habe, um ihren Lebenszweck in vollkommenster Weise zu erreichen, sieht das Hindernis desselben in dem privaten Grundbesitz, welcher bewirke, daß der Mensch sich nicht nach Gutdünken die günstigste Stelle auf der ganzen Erdoberfläche zum Betreiben seiner Produktion aussuchen könne. Diesem Uebelstande könnte abgeholfen werden, wenn das Eigentum an allem Grund und Boden der Gesammtheit gehörte und von ihr jeder Fleck demjenigen zur Produktion überlassen würde, der die höchste Rente davon zu zahlen sich bereit fände[2]).

Wie soll es aber möglich sein, das gesammte Grundeigentum dem Staate zu verschaffen? Den Zwang schließt Gossen prinzipiell aus. Eines solchen bedarf es aber gar nicht nach seiner Ansicht; es genüge vielmehr, meint Gossen, daß es dem Staate wie jedem Privaten freistehe, Eigentümer des Bodens durch Kauf bei freiwilliger Veräußerung zu werden. Mehrere Umstände bewirkten nämlich, daß der Staat, wenn er mit Privaten in Konkurrenz beim Ankauf von Grundeigentum träte, günstiger als jene gestellt sei. Denn erstens erhalte der Staat Darlehen (zum Ankauf der Güter) zu einem niedrigeren Zinsfuß als Private; zweitens würden die künftigen Werte, im vorliegenden Falle die künftige Steigerung der Grundrente von den Privaten in der Gegenwart wegen der Unsicherheit der Zukunft verhältnismäßig niedriger geschätzt, als der strengen mathematischen Rechnung entspreche, während diese letztere für den Staat wegen seiner unbeschränkten Existenz volle Geltung habe; drittens mache eine beschränkte Lebensdauer des Einzelnen, sein beschränkter Grundbesitz und

---

[1]) Vergl. darüber die Abhandlung von Walras „Théorie mathématique du prix des Terres et de leur rachat par l'Etat" (Bulletin de la Soc. vaud. des sciences nat. XVII p. 194 ss.); ferner den Aufsatz von Lexis „Zur mathematisch-ökonomischen Literatur" (in den Conrad'schen „Jahrb. f. Nationalökonomie und Statistik" Jahrg. 1881 S. 427—434), worin auch die Berechtigung und die Tragweite der mathematischen Darstellung der Volkswirtschaftslehre einer eingehenden Prüfung unterzogen wird.

[2]) Gossen a. a. O. S. 240.

seine beschränkten Geldmittel es für ihn nicht ratsam, die Verpachtung unter denjenigen Bedingungen vorzunehmen, welche die Produktion auf die günstigste Stufe höben und hierdurch auch die zu zahlende Rente auf die möglichste Höhe steigerten, während für den Staat solche Hindernisse nicht beständen. Durch das Zusammenwirken dieser drei Ursachen wird der Staat — nach Gossen — in den Stand gesetzt, das Grundeigentum von den Privaten für seine Verhältnisse so wohlfeil zu kaufen, daß er später in dem Steigen der Grundrente einen Fonds gewinnt, um die Ankaufssumme zu tilgen[1]).

Gegen dieses Projekt Gossens wendet Walras ein, daß die Tilgung der Kaufsumme der Grundrente unmöglich sei, wenn dafür der nach seiner Theorie „normale" Preis bezahlt würde. Die Vorteile, die Gossen für den „ewigen" Staat gegenüber dem nach Lebensdauer und Vermögen beschränkten Privatmann geltend macht, gelten nach Walras nur gegenüber Spekulanten mit geliehenem Gelde, nicht aber auch gegenüber solchen Käufern, welche ersparte Kapitalien anlegen wollen. Dem gegenüber macht Lexis mit Recht darauf aufmerksam, daß es recht wohl möglich sei, daß auch diese letzteren wegen der Unsicherheit der Zukunft den Mehrwert der Rente regelmäßig zu niedrig anschlügen. Walras nimmt indeß das Projekt Gossens durch eine andere Betrachtung thatsächlich wieder auf[2]).

Das entscheidende Wort über die von Gossen und Walras vorgeschlagenen Projekte spricht aber Lexis, wenn er sagt, daß sie praktisch noch für lange Zeit hinaus nicht in Betracht kommen könnten, da die Erfahrung lehre, daß wir uns noch in einer Periode befänden, in der wenigstens die landwirtschaftliche Grundrente, anstatt sich in einem progressiv beschleunigten Fortschritt zu befinden, noch starken Rückschlägen mit nachhaltiger Wirkung ausgesetzt sei. Erst wenn alle neuen Produktionsländer eben so dicht bevölkert seien wie die alten, würde das definitive, dauernde Anwachsen der Grundrente eintreten — welches ja jene Theorien zur Voraussetzung haben. — Wir haben uns mit denselben hier absichtlich eingehender beschäftigt, um die für allen Sozialismus so wichtige Frage zur klaren Anschauung zu bringen, inwiefern die Ablösung selbst der am tiefsten in dem heutigen Wirtschaftsleben begründeten Institutionen möglich sei, ohne die materiellen Interessen der heutigen Bevorzugten, der „Besitzer", auch nur im Geringsten zu verletzen.

Doch lassen wir jetzt Rodbertus in seiner Kritik der gegenwärtigen Gesellschaftsordnung fortfahren.

---

[1]) Gossen a. a. O. S. 260.

[2]) Walras a. a. O. S. 274 ff.

Heute, so sagt unser Denker, wird der Arbeitslohn nicht nach vernünftigen Gesetzen, sondern durch Angebot und Nachfrage bestimmt. Er ist daher eine gewisse Quantität von Produkten und kein bestimmter Teil (keine Quote) des Nationalprodukts. Wenn also die Arbeit produktiver wird, d. h. wenn ein gleiches Quantum Arbeit mehr Produkt herstellt, wenn also auch eine gleiche Quantität Produkt eine geringere Quantität Arbeit repräsentirt und mithin einen geringern Verhältnisteil des ganzen Produkts ausmacht, so muß auch offenbar — weil der Hunger und die Leiden seiner Familie den Arbeiter zwingen, seine Arbeit um den Preis des notdürftigen Lebensunterhaltes zu verkaufen — bei steigender Produktivität der Arbeit ihr Lohn eine immer kleinere Quote des Nationalprodukts werden.

In der Entwicklung der Gesellschaft treten noch Gründe hinzu, welche die Motive der Arbeiter, ihre Arbeit für den „Kostenpreis" loszuschlagen, verstärken. Je bevölkerter das Land, je produktiver dabei die Arbeit, je größer zugleich die individuelle Freiheit wird, desto mehr werden in einem sich selbst überlassenen Verkehr die Arbeiter gezwungen, „wolfeil zu arbeiten", denn desto mehr wird die Arbeit einer Waare gleichgestellt, die dem Gesetze der Konkurrenz, und zwar einer nachteiligen Konkurrenz unterliegt, desto mehr werden die Unternehmer in den Stand gesetzt, die Arbeit an den Mindestfordernden fortzugeben.

Mit Emphase beklagt Rodbertus dieses sich somit ergebende Resultat, daß bei Verteilung des Nationalprodukts nach den „natürlichen" Gesetzen des Tauschverkehrs bei steigender Produktivität der Arbeit der Lohn der Arbeiter ein immer kleinerer Anteil am Produkt wird [1]); daß die Arbeit, das höchste wirtschaftliche Gut, das Prinzip

[1]) Einen ähnlichen Gedanken spricht Proudhon aus: „Wir wollen annehmen, sagt er in den „Contradictions économiques" (1846) chap. XV, daß der Eigentümer der Einladung der Wissenschaft folge und durch eine ritterliche Freigebigkeit der Arbeit erlaube, ihre Produkte zu verbessern und zu vervielfältigen. Daraus würde für die Tagelöhner und Landleute ein ungemeiner Vorteil entstehen, indem ihre auf die Hälfte reduzirte Mühe durch den niedrigen Preis der Nahrungsmittel doppelt bezahlt würde. Aber der Eigentümer sagt: Ich wäre wol ein rechter Thor, wenn ich einen so reinen Gewinn aufgeben wollte! Statt hundert Arbeitstagen werde ich nur fünfzig bezahlen; der Proletarier soll nichts gewinnen, aber ich."

Derselbe Gedanke findet sich aber auch schon in Proudhons Schrift über das „Eigentum" (1840). Dort sagt er (Kap. 3): „Der Kapitalist, sagt man, hat den Tagelohn der Arbeit nach Abmachung bezahlt, folglich schuldet er ihnen (näml. den Arbeitern) nichts. Um genau zu sein, müßte man sagen, er hat einen Tagelohn so oft bezahlt, als er Arbeiter bezahlt hat, was nicht ganz dasselbe ist. Denn die ungemeine Kraft, die aus der Vereinigung der Arbeiter aller Produkte, einer gemeinen und ziemlich wertlosen Waare gleichgesetzt wird [1]).

Aber dieses schon an sich beklagenswerte Faktum ist auch die alleinige Ursache der Handelskrisen und des Pauperismus.

Rodbertus begründet seine Ansicht sehr eingehend.

Soviel Tauschwert, sagt er, Jeder hat, soviel Kaufkraft (wörtlich zu nehmen = Macht zu kaufen) besitzt er. Soviel Kaufkraft Jeder besitzt, soviel Gebrauchswert kann er im Tauschverkehr auch wieder zu Tauschwert erheben. Im Tauschverkehr muß daher dem Gebrauchswert, den Jeder für die Gesellschaft produzirt, eine Kaufkraft gegenüberstehen, oder derselbe wird weder in den Händen des Produzenten zum Tauschwert erhoben, noch kommt er irgend Jemandem in der Gesellschaft zu gut, weil ihm eben die Vergeltung fehlt.

Behielte nun jeder Teilnehmer am Tauschverkehr das ganze Produkt seiner Arbeit (d. h. behielte jeder so viel, als er gemäß seiner

---

hervorgeht, aus dem Zusammentreffen und der Harmonie ihrer Anstrengungen, diese Kostenersparnis, die durch ihre Bildung zur Werkstatt erzielt wird, diese Vervielfältigung des Produktes, die der Unternehmer zwar vorhergesehen hat, die aber durch freie Kräfte verwirklicht wird, diese hat er nicht bezahlt. 200 Grenadiere, die unter der Leitung eines Ingenieurs wirken, haben in einigen Stunden einen Obelisken aufgerichtet: glaubt man etwa, daß ein einziger Mann in 200 Tagen damit zu Stande gekommen wäre? Gleichwol ist auf der Rechnung des Unternehmers die Summe der Löhne in beiden Fällen dieselbe, weil er sich den Gewinn ihrer Gesammtkraft zueignet."

Hierin ist also ausgeführt, daß die gesammte, durch das Zusammenwirken der Menschen bewirkte Produktivität der Arbeit nur dem Unternehmer zu Gute kommt, während der Arbeiter nur so viel erhält, als er außer Teilung der Arbeit, also isolirt, hervorbringen würde, d. h. das absolut Notwendige. Es wird dabei nicht erwogen, ob diese organisatorische Leistung des Unternehmers nicht ein besonders zu vergütendes Verdienst desselben sei, da die Arbeiter sich von selbst unter den heutigen Verhältnissen schwerlich zu einem solchen streng geregelten Zusammenwirken vereinigen werden. Uebrigens sagt auch schon Sismondi: „Lorsqu'il (der mittellose Arbeitnehmer) traitait avec un chef d'atelier de l'échange de son travail contre sa subsistance, sa condition était toujours désavantageuse; car il avait bien plus besoin de subsistance et bien plus d'impossibilité de s'en procurer par lui-même, que le chef d'atelier n'avait besoin de travail: aussi bornait-il presque toujours sa demande à l'étroit nécessaire, sans lequel le travail qu'il offrait n'aurait pas pu se continuer, tandisque le chef d'atelier profitait seul de tout l'accroissement des pouvoirs productifs qu'avait opéré la division du travail" (Sismondi, „Nouveaux principes d'économie politique" S. 91—92).

[1]) Rodbertus, „Zur Beleuchtung" S. 46 ff.

Arbeit verdiente), so könnte keine Zunahme der Produktivität weder bei einem Gut noch bei allen Gütern früher eine Absatzstockung bewirken, als nachdem alle Teilnehmer zu ihrem Gebrauche genug davon bekommen hätten, als bis mehr produzirt wäre, als überhaupt nur davon in der Gesellschaft bedurft wird. In diesem Falle bliebe also die Kaufkraft in der Gesellschaft immer gleich ihrer Produktivität; oder mit andern Worten: soviel Gebrauchswert die Gesellschaft produzirte, soviel Tauschwert und soviel Kaufkraft besäße sie auch, bis alle Bedürfnisse jedes Teilnehmers der Produktion befriedigt wären, wo dann der Gebrauchswert erst aufhörte, Tauschwert und Kaufkraft zu sein, weil er selbst aufhörte, für irgend Jemanden in der Gesellschaft Gebrauchswert zu sein.

Denselben Erfolg würde, nach Rodbertus, noch die Zunahme der Produktivität haben, wenn zwar das Produkt wie heute unter drei Anteilsberechtigte geteilt wird, aber der Anteil eines Jeden eine feste, unabänderliche Quote des Produkts bliebe. Auch unter dieser Voraussetzung würde, die Produktivität möchte steigen, wie sie wollte, die Kaufkraft jedes Teilnehmers am Tauschverkehr sich gleich bleiben, und die Ueberproduktion könnte bei einem oder bei allen Gütern gleichfalls erst eintreten, nachdem die Bedürfnisse aller Teilnehmer befriedigt wären.

Allein wenn keine dieser beiden Voraussetzungen zutrifft, wenn das Produkt nicht blos unter drei Anteilsberechtigte geteilt wird, sondern auch noch nach den „natürlichen" Gesetzen eines sich selbst überlassenen Verkehrs der Anteil der arbeitenden Klassen d. h. der großen Mehrheit der Gesellschaft nicht eine feste unabänderliche Quote des Produkts bleibt, sondern umgekehrt gerade in demselben Verhältnis eine kleinere Quote des Produkts wird, als die Produktivität zunimmt, so kann jener glückliche Erfolg der Zunahme der Produktivität nicht eintreten. Denn im letzteren Falle stehen Kaufkraft und Produktivität nicht mehr in geradem Verhältnis. Die Kaufkraft des größten Teiles der Gesellschaft vermindert sich vielmehr im Verhältnis der steigenden Produktivität, und die Gesellschaft kommt in den Fall, Gebrauchswert zu produziren, der nicht mehr Marktwert und Kaufkraft ist, während doch noch bei den Meisten die Bedürfnisse danach nicht befriedigt sind. Es muß dann aber eine Erscheinung wie die Handelskrise ist, die Folge sein. Denn weil die Kaufkraft der Mehrheit der Gesellschaft, der arbeitenden Klassen, in dem Verhältnis geringer wird, als die Produktivität steigt, muß schon früher eine Ueberproduktion eintreten, als bis die Bedürfnisse der Gesellschaft vollständig befriedigt sind.

Man wende nicht ein, sagt unser Denker, das Quantum Kaufkraft, das dem einen Beteiligten, dem Arbeiter, entzogen werde, wachse ja den andern beiden Beteiligten, den Besitzerklassen, zu und müsse mit derselben Stärke auf den Markt wirken. Der Wert haftet — nach Rodbertus — zwar an Produkten, setzt sich aber nicht über das Bedürfnis fort. Was in der Hand des einen Beteiligten noch Wert geblieben wäre, wird in den Händen der andern eben überflüssiges d. h. unverkäufliches Produkt.

Die Nationalproduktion muß zum großen Teile erst eine Zeitlang pausiren, damit sich nach und nach die aufgestauten Massen verteilen und sich dann erst noch großenteils umgestalten, damit das, was dem einen Beteiligten genommen wird, in Händen des andern als auf den Markt wirkender Kaufkraftzuwachs wieder auftreten kann[1]).

Dies ist die Rodbertus'sche Theorie der Absatzkrisen. Der einzige Grund derselben, insofern nicht mehr Waaren produzirt werden, als überhaupt noch Jemand in der Gesellschaft bedarf, soll also nach Rodbertus der sein, daß der Arbeitslohn nicht in demselben Maße wie die Produktivität wachse[2]).

---

[1]) Vergl. Rodbertus, „Zur Beleuchtung" S. 45 ff.; „Der Normalarbeitstag", in der „Zeitschr. f. d. ges. Staatswissenschaft" Bd. 34 Jahrg. 1878 S. 344 f.; „Zur Erkenntniß" S. 29 Anm.

[2]) Ebensowenig wie Rodbertus hebt Proudhon die Planlosigkeit in der Produktion als Ursache der Handelskrisen hervor. Vielmehr besteht diese nach ihm darin, daß der Arbeitslohn nicht gleich dem vollen Arbeitsprodukt ist. „Da der Verkauf die Bedingungen des Monopols nicht erfüllen kann — sagt er in den Contrad. écon. chap. VI — häufen sich die Waaren übermäßig. Die Arbeit hat in einem Jahre soviel produzirt, als der Lohn ihr nur in fünfzehn Monaten zu konsumiren erlaubte: man muß daher die Arbeit ein viertel Jahr lang einstellen. Allein wenn der Arbeiter feiert, verdient er nichts: wie soll er dann jemals kaufen? Und wenn der Monopolist seine Produkte nicht los werden kann, wie soll dann sein Unternehmen bestehen? Die logische Unmöglichkeit vervielfältigt sich in der Umgebung der Werkstatt; die Thatsachen, welche sie darlegen, findet man überall." „Die Arbeit, sagt er an einer andern Stelle (a. a. O. Kap. 2), gewährt nur solange eine Garantie für Wohlsein und Gleichheit als das Erzeugnis eines jeden Individuums im Verhältnis mit der Masse steht; denn es kauft oder tauscht immer nur einen Wert ein, der dem, den es in sich selbst trägt, gleichkommt." Diese Ansicht Proudhons kommt in den „Widersprüchen der Nationalökonomie" sehr häufig vor. Aber auch schon in seiner Schrift über das „Eigentum" (1840) findet sie sich ausgesprochen und näher ausgeführt (Kap. 4 § 2). Der französische Sozialist behauptet, daß Produktion und Konsumtion, wegen des Einflusses des Monopols der Besitzer auf die Verteilung des Nationalprodukts, nie im Gleichgewicht stehen könnten. Rodbertus glaubt, daß diese schlimme Folge

Nehmen wir — zur Prüfung dieser Behauptung — an, es würden in einem isolirten Lande 100 Waaren-Arten produzirt. Der Lohn, den jeder Einzelne erhält, sei genau seinem Arbeitsertrage gleich. Wenn nun die Produktivität in jeder einzelnen Produkten-Gattung um das Doppelte steigt, so daß dieselbe Arbeitsquantität wie früherhin die doppelte Quantität an Waaren hervorbrächte, so dürfte — wenn jene Rodbertus'sche These richtig wäre — ein Stocken des Verkaufs irgend welcher Artikel nur dann eintreten, wenn alle Menschen ihre Bedürfnisse danach vollständig befriedigt hätten. Nichtsdestoweniger, behaupten wir, wird eine Absatzkrise auch ohne jene erfreuliche Voraussetzung eintreten. Denn wenn auch Jeder von jeder Waare das Doppelte wie vorhin wird kaufen können, so wird er es doch thatsächlich zum natürlichen Preise nicht wollen. Die Masse der Konsumenten wird vielleicht von 80 Produkten wirklich ungefähr das Doppelte kaufen, aber von fünfzehn wird sie das Dreifache wie vordem verlangen, und von fünf andern blos dieselbe Quantität wie früher, obwol sie damit gar nicht ihre Bedürfnisse danach befriedigt hat, vielmehr recht gern noch mehr kaufen möchte, aber es nicht mehr kann, da sie ihr Geld lieber auf die vorher angeführten 15 Produkten-Gattungen verwenden will. Jene 5 Artikel, die zunächst zum „natürlichen" Preis verkauft werden, werden also nur zur Hälfte abgesetzt werden, für die andere Hälfte können ihre Produzenten nicht mehr denselben Preis erlangen. Sie werden daher mit dem Verkauf noch einige Zeit zurückhalten. Dann

---

nur dann einträte, wenn jener Einfluß des Monopols schrankenlos wäre, anstatt vernünftigen gesellschaftlichen Gesetzen unterworfen zu sein. Immerhin läßt sich zwischen Proudhon und Rodbertus in der Erklärung der Absatzkrisen ein gemeinsamer Anknüpfungspunkt — das Monopol der Besitzer — nachweisen. Nicht so zwischen unserem deutschen Denker und Sismondi, wie Engels glaubt. Letzterer sagt in seiner berühmten Streitschrift gegen Dühring, daß Rodbertus jene Theorie von Sismondi, „entlehnt" habe („Herrn Eugen Dührings Umwälzung der Wissenschaft" S. 238 Anm.). Engels irrt. Denn gerade was Rodbertus als die Grundursache der Absatzstockungen ansieht, gerade der Umstand, daß die besitzenden Klassen allein vom Steigen der Produktivität profitiren, erscheint Sismondi als das Abhilfsmittel der Krisen. Der letztere sagt nämlich: „Wenn es eine notwendige Folge des Fortschritts der Künste, der Industrie und der Zivilisation ist, daß jeder Mensch, der arbeitet, mehr als den Wert seiner Konsumtion produzirt und daß in Folge dessen die Produzenten allein nicht genügen können, um Alles zu konsumiren, so muß jeder Vermehrung in der Produktivität der Arbeit eine Vermehrung in der Konsumtion einer Klasse Leute entsprechen, die nichts produziren oder deren Produkte nicht käuflich sind" (Sismondi, „Études sur l'économie politique", 1837, t. I., premier essai sur la balance des consommations avec les productions S. 97).

aber, wenn sie sehen, daß das Geschäft doch nicht gehen will, werden sie ihre Waaren, um sie nur an den Mann zu bringen, zu niedrigeren Preisen losschlagen, mit Verlust verkaufen: also eine Absatzstockung, eine Handelskrise wenigstens auf einem Gebiet.

Wir sehen also: Selbst wenn der Arbeitslohn gleich dem vollen Arbeitsertrage ist, so daß jede Steigerung der Produktivität der Arbeit ganz und gar dem Arbeitslohn zu Gute kommt, so werden — unter Annahme der freien Konkurrenz der Produzenten — doch nicht die Absatzkrisen auf diejenigen Fälle beschränkt werden, wo Niemand mehr der betr. Produkte bedarf, wie dies Rodbertus behauptet hat. Dasselbe gilt natürlich erst recht, wenn der Arbeitslohn nicht gleich dem Arbeitsertrage ist, sondern nur mit der steigenden Produktivität gleichmäßig wächst.

Aber ein gewisser richtiger Kern steckt doch in Rodbertus' Theorie. Wenn nämlich der Lohn als Sachlohn betrachtet gleich bleibt, während die Produktivität der Arbeit steigt, und wenn ferner dieser letztere Umstand nicht dazu benutzt wird, um die entsprechenden Arbeiterentlassungen vorzunehmen [1]), so muß das Plus an produzirten Massenartikeln zum natürlichen Preise ganz gewiß unverkäuflich sein. Dies wird den Preis des ganzen Vorrats herunterdrücken, was identisch ist mit einer Absatzkrise. Luxusartikel werden andrerseits mehr verlangt werden, als vorhanden sind; wenn auch nicht gerade während der Krisis. Es wird sich dann ein Ausgleich vollziehen, indem die Produktion von Massenartikeln eingeschränkt und diejenige von Luxusartikeln ausgedehnt wird.

Das dürfte auch die Entwickelung sein, wie sie thatsächlich in Europa in diesem Jahrhundert erfolgt ist. Wenn hingegen der Lohn als Sachlohn steigen wird, so ist doch wenigstens, wenn man den heutigen niedrigen Stand des Lohnes erwägt, zu vermuten, daß das Plus des Lohnes großenteils auf Massenartikel verwandt werden wird. Es ist demgemäß eine allgemeine Absatzkrisis in den Massenartikeln, wie im vorigen Falle, nicht zu befürchten, sondern nur eine Krisis in diesem oder jenem Zweige der Massenartikel-Produktion, bei dem die zahlungsfähige Nachfrage d. h. diejenige, welche bereit ist, den natürlichen Preis

---

[1]) So daß also eine Fabrik, die 100 Arbeiter beschäftigt, bei verdoppelter Produktivität die Zahl ihrer Arbeiter nicht auf 50 reduziren würde, sondern nach wie vor gleich viel Händen Arbeit gäbe.

zu zahlen, nicht entsprechend der Produktivität gewachsen ist. Und je mehr der Sachlohn steigen wird, desto mehr wird auch eine Absatzstockung an Massenartikeln vermieden werden bis zu dem Punkte, wo der Arbeitslohn im gleichen Verhältnis mit der steigenden Produktivität wächst. Hier wird noch am ehesten eine Krisis vermieden werden können, obwol auch nicht ganz, wie gezeigt worden ist. Wenn dann aber der Arbeitslohn in noch größerem Verhältnisse als die gestiegene Produktivität wachsen sollte, so würde, da die Rente dann in einem geringeren Verhältnisse als die Produktivität stiege, eine Absatzkrisis besonders leicht in den Luxusartikeln eintreten, die um so größer sein dürfte, je mehr die Rente als Anteil am Produkt betrachtet fiele.

Damit ist die Kritik der Rodbertus'schen Theorie der Handelskrisen noch nicht erschöpft. Denn die bisher von uns noch nicht beleuchtete Haupteinseitigkeit unseres Sozialisten besteht darin, daß er die steigende Produktivität der Arbeit ohne entsprechendes Wachstum des Arbeitslohnes als den einzigen Grund der Handelskrisen ansieht. Vergegenwärtigen wir uns doch den allgemeinen Verlauf, den Typus derselben! Nachdem die Preise eine Zeitlang stabil geblieben, wächst von irgend einer Seite her die Nachfrage nach einigen Artikeln, die in Folge dessen im Preise steigen. Fällt dies nun in einen Moment, in welchem die wirtschaftliche Stimmung eine bessere als vorher ist, so wird damit der „Aufschwung" eingeleitet. Zunächst strömt das Kapital zur Anlegung in die Produktion der bereits im Preise gestiegenen Artikel. Nun stehen diese aber nicht isolirt in der Volkswirtschaft da. Zu ihnen sind Maschinen, Werkzeuge u. s. w. nötig. Daher wächst auch die Nachfrage nach andern Produkten. Dies ist nicht der einzige Grund, weshalb die Hausse-Bewegung sich immer weiteren Kreisen mitteilt. Denn was heißt „Strömen der Kapitalien zur Produktion" anders als erhöhte Nachfrage nach Arbeit? Die Arbeitszeit wird verlängert. Also: Steigen der Arbeitslöhne. Bisher unbeschäftigte Arbeiter werden wieder angestellt: zweiter Grund zur Steigerung der Gesammtsumme der Löhne. Die Unternehmer machen sich gegenseitig die Arbeiter streitig: dritter Grund zur Lohnerhöhung. Besitzen die Arbeiter eine gute Organisation, so kommt noch ein vierter Grund hinzu: die Furcht der Kapitalisten vor Strikes, die alle ihre Zukunftshoffnungen zu durchkreuzen drohen. Also die Summe der in der Nation gezahlten Arbeitslöhne wächst in bedeutendem Maße. Wozu wird das Plus an Löhnen verwandt? Zu Erlangung größerer Genüsse für den Arbeiterstand, d. h. zum Ankauf von Waaren. Also entsteht auch von dieser Seite her ein mächtiger Impuls zur Preissteigerung, welche nach und nach alle Artikel ergreift. Nunmehr — oder richtiger schon vorher — bemächtigen sich die Spekulanten der Hausse-Bewegung, um sie immer schneller werden zu lassen. Sie wissen alle Kreise in immer wachsende Sicherheit zu wiegen, sie verstehen, ein immer festeres Vertrauen auf ein schier grenzenloses Steigen der Preise hervorzurufen. Alles drängt sich mit atemloser Hast zur Produktion. Jedermann hofft, binnen Kurzem ein reicher Mann zu werden. Man verwendet nicht nur alles verfügbare Kapital, man spannt auch den Kredit bis aufs Aeußerste an. Warum denn nicht? — Giebt man sich doch der sicheren Hoffnung hin, daß die Preise allermindestens den bisherigen Stand behaupten, höchstwahrscheinlich aber steigen werden. Alles ist fieberhaft erregt. Jetzt ziehen sich die Vorsichtigen zwar unbemerkt, aber darum doch nicht langsamer zurück. Noch merkt der Uneingeweihte nichts; noch geht die Preiserhöhung weiter; noch verkündet nichts den nahen Sturm. Derselbe ist aber nunmehr unausbleiblich. Weshalb? Man hat unter den Unternehmern mehrere Klassen zu unterscheiden, je nach den Bedingungen, unter denen sie produziren. Diejenige Unternehmer-Kategorie, die unter den schlechtesten Bedingungen arbeitet, bedarf eines bestimmten Preises, um grade noch sich über Wasser halten zu können. In den Zeiten der aufsteigenden Konjunktur ist eine Unternehmung um so schlimmer daran, je später sie kommt (bezw. je später sie erweitert ist); denn um so höher stellen sich — ceteris paribus — die Anlagekosten in Folge des Steigens aller Preise. Diese können aber nicht ewig wachsen. Sie müssen offenbar einmal anhalten. In einigen Artikeln ist schließlich die aufgestapelte Produktenmasse so groß geworden, daß sie nicht mehr ganz zu den so hoch geschraubten letzten Produktionskosten abgesetzt werden kann. Der Absatz stockt. Die am schlechtesten gestellte Unternehmer-Kategorie muß nun à tout prix verkaufen, und zwar ihren ganzen Vorrat auf einmal, um die eingegangenen Verbindlichkeiten erfüllen zu können; sie unterbietet daher ihre Konkurrenten. Diese können die Preise noch niedriger stellen, ohne deshalb so großen Schaden zu leiden, da sie ja unter besseren Bedingungen produzirt haben. Die Jagd um den Absatz beginnt. Die Waaren entwerten sich enorm. Eine Anzahl von Unternehmern — zunächst jene unterste Stufe derselben — fallirt. Jetzt findet das Umgekehrte wie vorher statt, blos in schnellerem Tempo. Die Baisse-Bewegung, die zuerst einige Produkte ergriffen, wird allgemein. Schon der Umstand an sich, daß eine Anzahl Unternehmer ihren Verbindlichkeiten nicht hat nachkommen können, ist geeignet, das öffentliche Vertrauen auf ferneren wirtschaftlichen Erfolg zu lähmen. Dadurch, daß jene Unternehmer nicht zahlen, erleiden ihre Gläubiger bedeutende Verluste und werden zum Teil gleichfalls ruinirt. In den zunächst betroffenen Produktionszweigen finden Arbeiterentlassungen, Verkürzungen der Arbeitszeit, Reduktionen der Löhne statt. Durch die Verringerung der Gewinnste und der Löhne wird die Nachfrage nach Waaren geringer. Zugleich hat sich auch in einer Reihe anderer Artikel die Produktion vervielfältigt und gewaltige Vorräte aufgehäuft. Allgemeine Absatzstockung. Wie vorher die Spekulation à la hausse, so greift jetzt die Spekulation à la baisse ein. Suchte jene möglichst hoch zu verkaufen, so will diese möglichst niedrig kaufen; war jene daher an einer möglichst hohen Steigerung des Vertrauens interessirt, so ist es diese an einer möglichst großen Panik. Die Spekulation à la baisse setzt also alle Hebel in Bewegung, um die in Folge der allgemeinen Absatzstockung entstehende Verwirrung zu vergrößern. In allen Zweigen der Produktion ereignet sich nun das, was zuerst in einigen geschah: enormes Sinken der Preise. Die Folgen sind: Fallissement der schlecht situirten Unternehmungen auf der einen Seite, massenweise Entlassung von Arbeitern und Verkürzung der Löhne auf der andern Seite, d. h. Hunger und Elend. Nach und nach legt sich die Panik. Das Vertrauen der Kapitalisten zu wirtschaftlichen Unternehmungen steigt wieder. Die Preise erreichen das Niveau wie zu Beginn der Krise, auf dem sie sich eine Zeitlang stabil erhalten, bis dann der alte Tanz von Neuem beginnt.

Welches ist der Urgrund der Handelskrisen? Die Antwort kann nicht zweifelhaft sein. Die Ursache ist in letzter Instanz die Planlosigkeit in der Produktion, was Rodbertus hervorzuheben ganz vergessen hat. Würde das nationale Bedürfnis nach einem Produkt statistisch festgestellt und danach die Produktion eingerichtet, so würden damit die Handelskrisen unmöglich gemacht. Nur dadurch, daß ein Produzent unabhängig vom andern arbeitet, daß riesige Preisschwankungen aller Waaren möglich sind, entstehen die Handelskrisen.

Mancher sagt nun: auch in der modernen Volkswirtschaft der freien Konkurrenz brächte es die natürliche Entwicklung mit sich, daß nach und nach die Krisen auf ein Minimum reduzirt würden, indem nach und nach sich in allen Industriezweigen der Betrieb in wenigen großen Unternehmungen konzentrire und indem sich ferner allmählich die verschiedenen Volkswirtschaften zu einer, eng zusammenhängenden Weltwirtschaft verbänden. Die Großbetriebe — so argumentirt man — werden die Schwankungen in der Nachfrage nach den Waaren und daher in den Preisen um so genauer vorhersehen können, je mehr ihnen alle Verhältnisse des einen Weltmarktgebietes in Folge eines außerordentlich gesteigerten Nachrichtenverkehrs bekannt sind und je leichter sich die Produzenten bei ihrer kleinen Zahl über den Umfang der Produktion verständigen können. Wenn auch hierdurch — meinen die Anhänger dieser Deduktion — nicht alle Absatzstockungen vermieden werden, so werden dieselben doch nur vorübergehend sein und ohne so tiefgreifende Erschütterungen der Volkswirtschaft wie heute verlaufen.

Diese Theorie hat wirklich Vieles für sich und ist als solche u. E. sogar unanfechtbar. Es ist blos schade, daß dieselbe Zukunftsmusik ist; denn, geben wir uns darüber keinen Illusionen hin: in absehbarer Zeit kann sie sich unmöglich verwirklichen.

Jene Theorie birgt doch, wenn wir näher zusehen, drei Voraussetzungen in sich. Die erste ist, daß alle Staaten der Erde eine dauernd stabile Handelspolitik beobachten. Denn es ist doch klar, daß wenn z. B. Frankreich mit einem Male einen großen Teil der deutschen Fabrikate von seinem Markte ausschlösse, dies sofort eine Absatzkrise auf dem Weltmarkt zur Folge haben würde. Kann aber die Zeit nur irgend abgesehen werden, wo alle Staaten eine dauernd stabile Handelspolitik beobachten werden? Unsere Antwort muß um so mehr verneinend ausfallen, als das Prinzip, welches den äußeren Handel für Jahrhunderte beherrschen soll, naturgemäß nicht das der Abschließung, sondern nur das der Handelsfreiheit sein kann. Wie weit ist aber noch die Welt von der allseitigen Einführung dieses Prinzips entfernt! Und selbst wenn dieselbe geschehen — was aber in absehbarer Zeit kaum zu erwarten ist —, würde es noch recht langer Zeiträume bedürfen, ehe die Produktion sich jenem Prinzip akkommodirt hätte. Man denke doch nur an den Fall, daß China den puren Freihandel annähme. Wie lange würde es noch dauern, bis man mit Sicherheit konstatiren könnte, wie weit die Aufnahmefähigkeit der halben Milliarde Einwohner des Reiches der Mitte gegenüber fremden Produkten ginge, bis der Welthandel mit China aus dem Stadium der rohen Spekulation herausträte, wo die Summe der nicht wißbaren Momente jederzeit ungeheuer die Summe der wißbaren überwiegt? Man sieht, die Zeit ist nicht absehbar, in welcher diese erste Voraussetzung jener Theorie der Handelskrisen sich erfüllen könnte.

Das zweite, was dieselbe zur unumgänglichen Voraussetzung hat, dürfte nicht minder bis zu einer späten Zukunft der Realisirung harren: es ist dies die bereits in Angriff genommene Verwendung mindestens des größten Teiles der natürlichen Hilfsquellen aller Länder des Erdbodens zu den entsprechenden industriellen Zwecken, so daß im Großen und

Ganzen die nationale und internationale Arbeitsteilung, so weit sie sich nach einzelnen Landstrichen richtet, dieselbe bleibt oder sich doch nur allmählich verschieben könnte. Es ist klar, daß für eine Industrie Absatzkrisen unvermeidlich sind, wenn ihr heute in Rußland und morgen in Südamerika gefährliche Konkurrenten erstehen. Natürlich können Entdeckungen neuer Hilfsquellen eines Landes stets stattfinden und sind insofern Absatzstockungen auch stets möglich. Indessen ist es doch nicht wahrscheinlich, daß jene wirklich innerhalb kürzerer Fristen so bedeutend sind, daß in Folge dessen bisher nicht gepflegte Industriezweige rentabel erscheinen, wenn einmal wirklich in allen Ländern alle Produktionen betrieben werden, die nach dem bisherigen Stande der Technik und nach Boden, Klima u. s. w. rentabel erscheinen. Heute könnte ja eine gründliche wirtschaftliche Reform Rußlands leicht eine Krise in den übrigen Ländern hervorrufen, insofern einerseits der Import nach Rußland beschränkt, andererseits durch bedeutenden Export dieses Landes der Weltmarkt mit gewissen Produkten zunächst überfüllt werden könnte. So lange daher nicht auf dem ganzen Erdreich, wo es angeht, eine jedem Lande entsprechende Industrie betrieben wird, sind Absatzstockungen jederzeit zu befürchten. Daß aber die Erfüllung dieser Forderung noch unabsehbarer Zeit bedarf, ist wol leicht einzusehen.

Schließlich ist nun noch zu bemerken, daß auch die Monopolisirung aller oder doch der großen Mehrheit der Industriezweige in wenigen Händen nicht von heute auf morgen geschieht, sondern ebenfalls einer sehr langen Zeit bedarf. Wer kann heute absehen, wann sich diese in der modernen Volkswirtschaft liegende Tendenz vollständig in die Praxis übersetzt hat? Wird das nicht allermindestens mehrere Menschenalter in Anspruch nehmen?

Aus diesen Gründen glauben wir, daß wir in keiner absehbaren Zeit auf Befreiung von der Völkerplage der Handelskrisen hoffen dürfen. Um so mehr müssen wir aber darauf sinnen, den Schmerz der Wunden, die sie schlagen, nach Möglichkeit zu lindern. Ein solches Linderungsmittel ist die Versicherung der Arbeiter gegen Arbeitslosigkeit, die durch Krisen entstanden ist; an der Verwirklichung dieses Projekts muß daher allen Freunden der gegenwärtigen Gesellschaftsordnung sehr gelegen sein. Doch wollen wir an dieser Stelle hierauf nicht näher eingehen. —

Aber jener Umstand, daß der Arbeitslohn nicht eine bestimmte Quote des National-Produkts beträgt, sondern auf dem Niveau des notwendigen Lebensunterhaltes stehen bleibt, hat — nach Rodbertus — neben den Handeskrisen noch eine zweite furchtbare Folge: das Anwachsen des Pauperismus, also die Verarmung der Massen.

Denn die ökonomische Lage der Arbeiter muß zerrüttet werden, weil ihre materiellen Ansprüche fortwährend gesteigert, ihre Begierden durch die ausschließliche Steigerung des Reichtums der Minderheit fortwährend entflammt werden, während das Maß ihres Einkommens fällt oder dasselbe bleibt und also doch relativ fällt [1]).

An einer anderen Stelle giebt Rodbertus die jedenfalls viel haltbarere Erklärung des Pauperismus, daß dieser die Wirkung der Handelskrise, wie auch reziprok deren Ursache sei [2]).

Mag auch die zuerst geäußerte Ansicht von Rodbertus über den Entstehungsgrund des Pauperismus Manches für sich haben, so läßt sich derselbe doch, wie wir glauben, viel einfacher dadurch erklären, daß der von der Hand in den Mund lebende Arbeiter, der nichts gespart hat, in Zeiten der Krankheit, des Alters und noch mehr der Arbeitslosigkeit, wie sie besonders (wenn auch nicht immer) durch Handelskrisen hervorgerufen wird, notwendig der Armenpflege anheimfallen, also „Pauper" werden muß. Insofern hat die an zweiter Stelle von Rodbertus geäußerte Ansicht Giltigkeit als hauptsächliche Mitursache, wenn auch nicht als alleinige Ursache des Pauperismus [3]). Daneben fehlt bei Rodbertus auch nicht der, wenn auch nur vorübergehende, Hinweis auf den Zusammenhang zwischen Pauperismus und Verbrechen [4]).

Den Schlußpunkt der Rodbertus'schen Gesellschafts-Kritik bildet der emphatische Hinweis darauf, daß bei dem Zusammenhange der nationalökonomischen mit der rechtlichen und politischen Entwickelung, welch' letztere eine immer größere rechtliche Gleichheit und politische Freiheit mit sich führten, beim Fallen des Lohnes (als Quote am Nationalprodukt) jener verhängnisvolle Widerspruch in der Gesellschaft erzeugt werden müsse, daß je gleicher und freier alle ihre Mitglieder

---

1) Rodbertus, „Zur Beleuchtung" S. 51.

2) Im Vorwort zu dieser Schrift.

3) Ebenso wie Rodbertus sieht auch Proudhon in der durch die Absatzkrisen hervorgerufenen Arbeitslosigkeit die alleinige Ursache des Pauperismus. Nachdem Proudhon die Notwendigkeit der Absatzstockung dargethan, fährt er fort: „Wenn nun die Thätigkeit von Arbeitern stille steht, deren Lohn kaum zur täglichen Subsistenz hinreicht, so werden die Folgen des Eigentumsprinzipes furchtbar: keine Sparsamkeit, kein angesammeltes kleines Kapital läßt sie einen Tag länger leben. Heute wird die Werkstätte geschlossen; morgen Fasttag auf den öffentlichen Plätzen; übermorgen Tod im Armenhaus oder ein Mahl in dem Gefängnis." Proudhon, „Was ist das Eigentum?" Kap. 4 § 5 (S. 213 d. Uebers. von Meyer).

4) Auch bei Proudhon findet sich ein solcher vorübergehender Hinweis, wie die eben zitirte Stelle beweist. Vgl. Rodbertus, „Zur Beleuchtung" S. 47 f.

rechtlich und politisch dastehen, desto ungleicher und abhängiger die Mehrzahl, die arbeitenden Klassen, wirtschaftlich gestellt wird.

Und dem können wir nur beipflichten.

Sozialstaat.

Das Ziel der Menschheit ist nach Rodbertus die eine kommunistisch organisirte Gesellschaft. Nur durch sie kann die soziale Frage als gelöst erscheinen; da dann erst das Verdienst- oder das reine Einkommenseigentum eingeführt sein wird. Sie würde daher auch eine neue, die dritte Epoche in der Gesellschaftsgeschichte, begründen.

Rodbertus unterscheidet nämlich die Periode des Menscheneigentums, deren Typus die heidnisch-antike Wirtschaftsordnung ist, die Periode des Grund- und Kapitaleigentums, die von der christlich-germanischen Staatenordnung repräsentirt wird, und schließlich die in ferner Zukunft anhebende Periode des bloßen Einkommens- oder Verdiensteigentums. Obwol das letztere den nationalen Grund und Boden und das ganze Nationalprodukt (bis dahin, daß sich letzteres als Einkommen verteilt) als gemeinschaftliches Eigentum in den Händen des Staates beläßt, begründet es doch ein so echtes Eigentum, als nur je eines prinzipiell sanktionirt worden ist.

Denn es knüpft die Portion materieller Güter, die es für jedes Individuum einschließt, an den heiligsten Rechtsanspruch, den es giebt, an die Arbeit, und an genau diejenige Quantität Mühe und Arbeit, mit der sich das Individuum an der gemeinschaftlichen Herstellung des Nationaleinkommens beteiligt hatte[1]).

Hiermit ist das Grundprinzip des Sozialstaates bezeichnet. Wie aber wird dasselbe in der Leitung und Bewegung der nationalen Produktion und in der Verteilung des Nationalprodukts durchgeführt? Es müßte eine gesellschaftliche Behörde bestehen, welche die Leitung der Produktion nach Maßgabe der gesellschaftlichen Bedürfnisse übernähme oder, mit anderen Worten, die zweckentsprechende Verwendung des Nationalvermögens anordnete.

Es würde also an der Spitze jeder Produktionswirtschaft anstatt des heutigen Privatunternehmers ein Beamter der Gesellschaft stehen: und es würde derselbe mit dem in der Unternehmung befindlichen

[1]) Rodbertus-Meyer S. 323—324.

Teile des Gesellschaftskapitals nach einem vom Staate vorher entworfenen allgemeinen Bedürfnis-Etat produziren, anstatt daß dies, wie heute, der Privatunternehmer nach der von ihm speziell gemachten Erforschung des gesellschaftlichen Bedürfnisses mit seinem Kapital thut.

Es bedürfte dann in diesem Zustande der Gesellschaft nur einer Anordnung der staatswirtschaftlichen Behörde, um das in der Produktion begriffene und immer noch im Besitz der Gesellschaft befindliche Gut von einem Produktionsabschnitt und Produktionsort zum andern und zuletzt an seinen Bestimmungsort, den Wohnort des Konsumenten, transportiren zu lassen. Jene Behörde hätte auch dafür zu sorgen, daß in einem Teile des Nationalprodukts stets der Ersatz des in der Produktion verbrauchten oder abgenutzten Kapitals geschaffen, in dem übrigen erst das Nationaleinkommen, d. h. das unmittelbar zur Befriedigung gesellschaftlicher Bedürfnisse notwendige Produkt, hergestellt würde [1]).

Die Produktion jedes Gutes zerfiele in mehrere Teile, in verschiedene Gewerke oder Produktionswirtschaften, die sich, weil das Produkt bis zu seiner Vollendung durch alle hindurch gehen muß, als eben so viele auf einander folgende Produktionsstufen darstellen, auf welchen allen zugleich gearbeitet wird. Demnach ist auch das Nationalkapital verteilt. In jeder Produktionswirtschaft finden sich sowol die nötigen Werkzeuge, womit, als auch das nötige Material, woraus produzirt wird.

Der letztere Teil des Nationalkapitals nimmt aber die Gestalt an, daß, je näher die Produktionsstufe der Vollendung des Gutes steht, desto vorgeschrittener das Material ist, weil es schon durch desto mehr Stufen hindurch gegangen ist, so daß auf der letzten nur noch die Arbeit eben dieser selbst an ihm nötig wird, um es zum vollendeten Gut zu machen, während auf der ersten das rohste Material erst aus der Erde geholt werden soll. Zugleich indessen, insofern wir uns vorstellen, daß die eben betrachtete Reihe von Produktionsstufen nur Einkommensgüter schafft, existirt eine Nebenreihe von Gewerken, die stets den Ersatz der unter der Arbeit vernutzten Werkzeuge herstellt.

Die Verteilung des Nationaleinkommens geht derart vor sich, daß

[1]) Diese Stelle zeigt, daß Knies irrt, wenn er meint, Rodbertus habe es gänzlich unterlassen, auszuführen, wie denn, da doch für die Volkswirtschaft Kapitalvorräte unbedingt notwendig seien, ohne privates Kapitaleigentum und ohne Kapitalgewinn neue Kapitalgüter entstehen sollen und vermehrt werden können (Knies, Kredit, 2. Hälfte S. 72).

der Wert jedes Produkts nach der darauf haftenden Arbeitszeit festgesetzt ist. Jeder Teilnehmer an der nationalen Produktion erhält in einer Bescheinigung seiner geleisteten Arbeitszeit die Anweisung auf einen gleichen Wert beliebiger Einkommensgüter, die ihm dann gegen Hingabe jener Anweisung aus den Magazinen des Staates zu eben so striktem Eigentumsrecht verabfolgt werden, als heute der Arbeiter seinen Lohn empfängt.

Die faktische Liquidation dieser Ansprüche an das Nationaleinkommen würde ohne Schwierigkeit durch das alle Garantien des Metallgeldes noch übertreffende Arbeitsgeld bewerkstelligt werden. Es brauchte nur Jeder nach geschlossener Arbeit eine Bescheinigung über so viel Arbeit nach Stunden, Tagen und Wochen, als er wirklich geleistet hat, zu erhalten, um diese dann als Anweisung bei den Magazinen und Läden des Staats auf so viel Einkommensgüter beliebiger Art, als durch eine gleiche Arbeitsquantität repräsentirt werden, zu realisiren. Aber ist nicht die Gefahr der Entwertung des „Arbeitsgeldes", welches an die Stelle des heutigen Metallgeldes treten soll, vorhanden, und ist damit nicht die Furcht vor einem allgemeinen Gesellschaftsbankerott gerechtfertigt? Auch darüber sucht uns Rodbertus zu beruhigen.

Zur Teilung der Arbeit, sagt er, ist ein Tauschmittel notwendig. Es muß etwas geben, das Jeder für das Produkt nimmt, welches er abzugeben hat, und wofür also auch Jeder das bekommen kann, was er bedarf. Dieses Mittel wird schlechterdings zwei Eigenschaften besitzen müssen. Es wird den Wert der Güter auszudrücken im Stande sein müssen, und also ein „Wertmaß" abgeben können, und es wird als Zirkulationsmittel dienen, d. h. als Mittel, jedes Gut an den Bedürfenden zu bringen.

Die Teilung der Arbeit muß nun als eine große Vereinigung angesehen werden, in der Jeder seine Produktivkraft einlegt, um aus der gemeinschaftlich hergestellten Produktenmasse sein Einkommen zu beziehen. Die Größe des Einkommens muß nun im Verhältnis zu dem Resultat stehen, das die Produktivkraft eines Jeden geliefert hat[1]).

---

[1]) Dies ist eine Auffassung, die, nach unserm Autor, auch durch die Existenz des rentirenden Eigentums nicht unrichtig wird. Denn die Produktenmasse wird doch in wirtschaftlicher Gemeinschaft hergestellt; und es macht keinen Unterschied, ob die Gesellschaft die Mittelsperson der Verteilung macht, oder ob, wie es heute geschieht, die Eigentumsübertragung von Individuum zu Individuum geht: nur die rechtliche Form ist verschieden; was diese betrifft, so ist es eben heute Rechtens, daß die Grund- und Kapitalbesitzer als solche als Mitwirkende bei der Produktion angesehen werden, wenn es wirtschaftlich auch nur eine Fiktion ist.

Deshalb ist die Teilung des Erarbeiteten als eine allgemeine Liquidation anzusehen, durch die jeder Anspruch, der durch die Mitwirkung zur Herstellung der Produktenmasse an dieser begründet wird, seine ihm nach dem Maß dieser Mitwirkung gebührende Befriedigung erhält. Hierzu ist aber schlechterdings ein Liquidationsmittel notwendig. Dasselbe kann nur in einer Bescheinigung bestehen, die Jeder, der ein Produkt in den Verkehr einliefert, darüber erhält, und die zugleich wieder als Anweisung auf denselben Betrag bei Jedem zu gebrauchen ist, der ebenfalls ein Produkt für den Verkehr hergestellt hat. Damit nun die Garantie gewährt sei, daß richtig liquidirt wird, d. h. daß der Grundsatz verwirklicht werde, daß Jeder aus der Nationalproduktenmasse nicht mehr und nicht weniger Wert zurückerhält als er eingeliefert hat, ist es nötig, daß das Liquidationsmittel sowol den Wert des eingelieferten Produkts bezeichnet als auch die Sicherheit bietet, daß der in ihm bezeichnete Wert vorhanden ist. Ist diese Sicherheit da, dann wird Niemand Anstand nehmen, sein Produkt für das Liquidationsmittel hinzugeben, denn er wird sicher sein, dadurch den Ersatz für den abgegebenen Wert ebenso richtig zu empfangen, als ob er sich mit seinem Produkt unmittelbar demjenigen gegenüber befunden und Zug um Zug mit demjenigen getauscht hätte, der das von ihm bedurfte Produkt zu vertauschen gehabt hätte. Dadurch wird aber das Liquidationsmittel Geld, d. h. in einem Zustande mit rentirendem Eigentum und sich selbst überlassenem Verkehr eine Bescheinigung, die Jeder nimmt, und eine Anweisung, die Jeder honorirt; in einem Zustande ohne rentirendes Eigentum mit Leitung der Produktion durch eine gesellschaftliche Behörde eine Bescheinigung, die die Gesellschaft erteilt, und die sie auch wieder als Anweisung honorirt.

Heute erfüllt nun das Edelmetallgeld die Bedingungen des Liquidationsmittels vermöge seiner Waarenqualität und vermöge des Umstandes, daß es in der Art teilbar ist, daß sein Wert stets im Verhältnis der Teilung der gleiche bleibt.

Falls nun ein Gesellschaftszustand hergestellt ist, in welchem der Wert der Güter immer mit dem kostenden Arbeitsbetrage zusammenfällt, so können die oben genannten Bedingungen eines Liquidationsmittels (erstens Anzeigung des Wertes der Güter und zweitens Garantie, daß der angezeigte Wert vorhanden ist) durch einen bloßen Zettel erfüllt werden.

Denn was die erste Bedingung betrifft, so bezeichnet unter jener Voraussetzung 1 Tag oder 1 Stunde ebenso genau eine

Wertgröße als eine Quantität Silber von dem Gehalt eines Talers oder eines Groschens. Denn jener Arbeitsbetrag bestimmt dann von allen Gütern ebenso gut die nach Pfunden, Scheffeln, Eimern oder Ellen zu berechnenden Quantitäten, die gegen einander im Wert gleich gelten oder gegen einander vertauscht werden können, als dieser Metallbetrag es thut.

Was die zweite Bedingung betrifft, so wird die nötige Vorkehrung, daß der im Zettel bescheinigte Wert wirklich im Verkehr vorhanden ist, dadurch getroffen, daß nur derjenige, der ein Produkt wirklich abgiebt, einen Zettel erhält, in welchem genau die Arbeitsquantität bemerkt ist, durch welche das Produkt hergestellt worden.

Man sieht also, daß beim Zettelgelde, unter der Voraussetzung der Gleichheit des Werts der Güter mit der darauf haftenden Arbeit, keineswegs der Bankerott der Gesellschaft zu befürchten ist [1]).

Aber auch im Sozialstaat wird der Arbeiter nicht den ganzen Wert seines Arbeitsprodukts erhalten. Ein Teil davon muß abgezogen werden, um diejenigen, welche die immaterielle Arbeit verrichten, zu lohnen. Da sind zunächst die gesellschaftlichen Beamten, welche die Produktion leiten (deren Arbeit Rodbertus nicht zu der materiellen rechnet, die die Güter kosten). Dann werden aus dem Arbeitsprodukt der Arbeiter, als aus der einzigen Quelle materiellen Reichtums, die künstlerischen Thätigkeiten, die Dienste der Richter, der Schullehrer, Aerzte u. s. w. ihre Vergeltung erhalten. Alle diese Verdienste würden natürlich nicht wie diejenigen aus mechanischer Arbeit nach Normalarbeitszeit, sondern vielmehr als „Gehalt" nach autoritativem Ermessen wie etwa das Gehalt eines Ministers festgesetzt werden [2]).

Wir brauchen kaum zu bemerken, daß — nach Rodbertus — bei der angegebenen Organisation der Gesellschaft Handelskrisen und Pauperismus fortfallen würden. Existirt doch nicht mehr die Voraussetzung derselben, das Fallen des Arbeitslohnes als Quote am Nationalprodukt [3])!

Es läßt sich nicht leugnen, daß der Rodbertus'sche Zukunftsstaat sich sehr vorteilhaft von den roh-kommunistischen Phantasiegebilden andrer extremer Sozialisten unterscheidet. Grade der Umstand,

---

[1]) Rodbertus, „Zur Erkenntniß" S. 135—175; „Zur Beleuchtung" S. 31.

[2]) Rodbertus, „Zur Beleuchtung" S. 145 ff.; Rodbertus an Zeller, Tüb. Ztschr. Jahrg. 1879 Bd. 35 S. 223.

[3]) Rodbertus, „Zur Erkenntniß" S. 135—175; „Zur Beleuchtung" S. 31.

daß sich Rodbertus nirgends in die Ausmalung des glückseligen Zustandes à la Fourier eingelassen hat, sondern sich auf die äußersten Umrisse beschränkt, während doch andrerseits nur wenige prinzipiell wichtige Züge fehlen — grade dieser Umstand, sage ich, zeigt uns recht deutlich, daß wir es mit einem wirklich wissenschaftlichen Sozialforscher, nicht mit einem Sozialphantasten zu thun haben.

Rodbertus will, daß der Staat die gesammte gewerbliche wie agrarische Produktion leite. Niemand wird leugnen können, daß dies in abstracto möglich ist. Die Frage wird nur sein, ob es mit mindestens privatwirtschaftlicher Rentabilität geschehen könne. Zwar die Absatzstockungen werden in Folge des staatlichen Monopolbetriebes meist vermieden werden und, sofern sie doch eintreten, nur einen geringen Umfang haben.

Aber wird dieser Vorteil des Sozialstaates nicht durch die gegen heute schlechtere Leitung der einzelnen Produktionswirtschaften aufgewogen? Die Untersuchung dieser Frage hat Rodbertus unterlassen. Die Entscheidung darüber hängt davon ab, ob die Beamten genügendes Interesse an einer tüchtigen Wirtschaft haben. So lange unser Sozialist uns nicht zeigt, wie er dieses Interesse den Beamten des Sozialstaats einflößen will, können wir in demselben das Produktionsproblem nicht für genügend gelöst erachten.

Allerdings will nun auch Rodbertus den Sozialstaat erst in 500 Jahren haben. Er hat geglaubt, daß bis dahin die sittliche Kraft des Volkes zu „freier“ Arbeit nicht groß genug sei. Wir können hierzu blos bemerken: es ist möglich, daß sich innerhalb jenes ungeheuren Zeitraums wirklich der von Rodbertus vorausgesetzte zivilisatorische Fortschritt vollzieht; aber es ist auch möglich, daß er innerhalb dieser Zeit ausbleibt. Zwar hoffen auch wir, daß das intellektuelle und moralische Niveau der Menschheit sich in der Zukunft um ein so bedeutendes Stück heben wird, daß der „Sozialstaat“ — wenn auch nicht in der Rodbertus'schen Form — sich als höchst praktisch erweisen wird. Aber andrerseits müssen wir gestehen, daß uns die Zeit, innerhalb deren die Menschheit diesen Riesenschritt gethan haben wird, unabsehbar und unberechenbar erscheint. Deshalb glauben wir auch, daß es fehlerhaft ist, heute irgendwie praktisch mit dem Sozialstaate zu rechnen.

Uebrigens wollen wir nicht unterlassen, darauf hinzuweisen, daß bei einer solchen staatlichen Leitung der Produktion, wie sie sich Rodbertus denkt, der Staat, d. h. die Regierung über Hunderttausende von Beamten gebieten würde. Dies könnte, wenn nicht die sorgfältigsten

Vorbeugungsmaßregeln getroffen werden, leicht zur allerschlimmsten politischen Korruption führen. Und auch alle diese Maßnahmen schützen endgiltig nicht davor, da man nach einem bekannten Ausspruch O'Connels bei einigem guten Willen durch jedes Gesetz mit vier Pferden fahren kann. Immerhin können allerdings die Sozialisten geltend machen, daß im Sozialstaat mit dem Verschwinden der materiellen Klassengegensätze auch die Hauptquelle politischer Intoleranz verstopft wäre.

Aber neben dem Produktionsproblem scheint uns auch im Rodbertus'schen Sozialstaat das Problem der Verteilung nicht genügend gelöst worden zu sein.

Sein Verteilungsprinzip ist: Jedem nach seiner Arbeit [1]). Dieses Postulat kann eingestandenermaßen nur unter der Voraussetzung durchgeführt werden, daß der Wert jedes Produkts beständig genau auf der kostenden Arbeitsquantität festgehalten wird.

Selbst wenn wir die Möglichkeit der Durchführung dieses Satzes zugeben würden, müßten wir doch gegen die Rodbertus'sche Definition des Begriffes der „kostenden Arbeits-Quantität" Front machen.

Wir können uns hier ganz kurz fassen, da wir hierüber schon oben unsere Auffassung entwickelt haben.

Rodbertus versteht zu einseitig unter der „kostenden Arbeits-Quantität" nur die materielle Arbeit; nicht aber die Arbeit der Leitung

---

[1]) Dieses Verteilungsprinzip ist vor Rodbertus im Wesentlichen von den St. Simonisten und mit voller Schärfe namentlich von Proudhon geltend gemacht worden. Dieser hält den Kommunisten, welche eine Verteilung des Nationalprodukts nach irgend einem verschwommenen „Liebes"-Prinzip wollen, vor, daß sie Alles das Gerechtigkeit nennten, was eigentlich Nächstenliebe sei, indem sie unaufhörlich die Dinge der Vernunft mit denen des Gefühls verwechselten.

„Warum — fragt Proudhon — bringt man in die Fragen der Oekonomie unaufhörlich die Brüderlichkeit, die Mildthätigkeit, die Hingebung und Gott hinein? Sollte dies vielleicht daran liegen, daß die Utopisten es leichter finden, über diese großen Worte zu schwätzen als die sozialen Kundgebungen zu studiren? . . . . . . Ihr wollt für meine Bedürfnisse sorgen, sagt Ihr, nach Maßgabe der Euch zu Gebote stehenden Mittel. Ich meine aber, es müsse vielmehr nach Maßgabe meiner Arbeit geschehen; wo nicht, so höre ich auf zu arbeiten" („Widersprüche" Kap. 5).

Die Idee eines Austausches der Waaren nach der in ihnen enthaltenen Arbeit liegt seinem Projekte einer „Banque d'échange" (oeuvres compl. vol. VI) zu Grunde. Die Noten derselben sollten das Metallgeld verdrängen, jedoch sollten die Waarenpreise in diesem Zirkulationsmittel nicht etwa durch eine sozialistische Behörde nach der Arbeitsquantität festgestellt werden, sondern Proudhon erwartete die Richtigstellung derselben vom freien Verkehr, wenn nur die Bank ihren Kredit umsonst gewährte.

der Produktion, welche er bei Berechnung der Kosten eines Produkts ganz außer Spiele läßt. Auf diese Weise erhält er aber nicht genau die wirklichen Produktionskosten. Denn diese Arbeit der Leitung der Produktion ist bei dem einen Produkt größer, bei dem andern kleiner. Es verhält sich mit dieser Art immaterieller Arbeit nicht so wie etwa mit derjenigen des Richters. Die Arbeit dieses wird für die gesammte Produktion geleistet, wenn man einmal die Thätigkeit des Richters von der wirtschaftlichen Seite aus betrachten will. Man kann hier gar nicht fragen, wie viel von der richterlichen Arbeit kommt nun auf jedes einzelne Produkt? Ganz anders bei der Arbeit der Leitung der Produktion. Hier läßt sich berechnen, wie viel dieser Art von Arbeit für das einzelne Produkt nötig war. Ein Bergwerk braucht bei Produkten mit einer bestimmten darauf haftenden materiellen Arbeit vielleicht mehr Aufsichts-, Buchhaltungs- u. s. w. Arbeit als eine Zigarrenfabrik bei Produkten mit derselben kostenden materiellen Arbeitsquantität. Jene spezifische Arbeit muß dann auf die einzelnen Produkte des betreffenden Bergwerks bezw. der Fabrik je nach der Quote verteilt werden, die sie vom Gesammtprodukt dieser Unternehmungen ausmachen. Aehnlich müßten die Kosten für die Aufstellung des Bedürfnisetats, wenn sie nicht für alle Waarengattungen gleich wären, auf die einzelnen Produkte verteilt werden. Solche immaterielle produktionswirtschaftliche Arbeit natürlich, die für die Gesammtheit aller Produkte geleistet würde, ohne daß sich unterscheiden ließe, wie viel auf die einzelnen Produkte kommt, kann zu der kostenden Arbeitsquantität nun und nimmer gerechnet werden.

Es kommt aber auch wirklich auf eine möglichst richtige Bestimmung dieses Begriffs an, weil von ihm die möglichst rationelle Gestaltung der Produktion im Sozialstaate abhängt. Derselbe will zusehen, ob eine Produktion im bisherigen Umfang fortgeführt, ob sie vergrößert oder vermindert werden soll. Woran kann das geprüft werden? Nur daran, ob das Unlustquantum, das die Produktion durch die zu ihr nötige Arbeit hervorruft, hinreichend gerechtfertigt ist durch das Genußquantum, welches die Bedürfnisbefriedigung mittels der Erzeugnisse jener Produktion hervorruft.

Man sieht also, von wie großer Wichtigkeit die genaue Bestimmung jenes Unlustquantums ist. Und da will nun Rodbertus ein Element desselben — die immaterielle Arbeit — ganz außer Rechnung stellen! Wenn ferner Rodbertus meint, jede mechanische Arbeit müsse nach Normalarbeitszeit bemessen werden, so übersieht er ganz, daß es doch viele „mechanischen" Arbeiten giebt, bei denen es in Ermangelung eines greifbaren Produkts gar keine „Normalzeit" giebt; wie überhaupt seine ganze Wertbestimmung nur auf die Stücklohnarbeit abzielt, welche aber nicht überall durchzuführen ist.

Wie will man die Arbeit eines Weichenstellers schätzen? Bei derlei kein greifbares Produkt hinterlassenden und deshalb nach ihren Wirkungen unmeßbaren Arbeiten wird man daher auch wohl oder übel zum Gehaltssystem schreiten: man wird sagen, je nach der (Sonnen-)Zeit, die Du arbeitest, erhältst Du bezahlt. Höchstens wird man hier ein paar Arbeits-Intensitätsabstufungen in Erwägung ziehen können, die aber wiederum in vielen Fällen eine Vermehrung der Aufsichtsarbeit zur Folge haben dürften. —

Ist es aber möglich, das Rodbertus'sche Verteilungsprinzip „Jedem nach seiner Arbeit" durchzuführen? Ist es vor Allem möglich, den Wert des Produkts beständig genau auf der kostenden Arbeitsquantität festzuhalten? Ich glaube nicht, daß dies angeht.

Zwar darf man hiergegen nicht etwa die Verschiedenheit der Arbeiten einwenden, welche eine Reduzirung sämmtlicher zur Herstellung eines Gutes notwendigen, qualitativ verschiedenen Arbeiten auf eine Normal-Arbeitsart, also gleichsam auf einen gemeinsamen Nenner, unmöglich machen soll. Diese ist allerdings möglich. Diese Aufgabe wird bereits durch den praktischen Verkehr, wenn auch nur unsicher tappend und daher auch nur annähernd, gelöst.

Was ist das jeder Arbeit zu Grunde liegende Prinzip? Die Unlust? Wenn es gelänge, die qualitativ verschiedenen Arbeiten blos in ihre Unlustmomente aufzulösen, so würde man dieselben wirklich auf eine Einheit reduziren können [1]).

[1]) Diese Auflösung der Arbeit in Unlustmomente hat allerdings Rodbertus ebensowenig wie vor ihm Ricardo vorgenommen; — und dies ist wol auch mit ein Grund gewesen, weshalb die Möglichkeit jener Reduktion noch heute von manchen Nationalökonomen geleugnet wird. So z. B. von Roscher. Derselbe meint, „man würde nie im Stande sein, alle verschiedenen Arbeitsarten unter einen Nenner zu bringen. Der für die Arbeit erforderliche Verbrauch von Muskel- und Nervensubstanz könne gewiß nicht als solcher dienen. Denn davon würde ein Arbeiter wie Moltke wahrscheinlich weniger aufzuweisen haben, als ein tüchtiger Schanzgräber, was von Rodbertus ausdrücklich gelehrt worden; obschon derselbe zugäbe, daß Werke der Kunst und Wissenschaft nicht mechanisch gemessen werden könnten, was doch ganz widersprechend sei" („System" I § 128). Wir müssen hiergegen geltend machen, daß Rodbertus den Verbrauch der Muskel- und Nervensubstanz ausdrücklich nur als Maß für die mechanische Gewerksarbeit gelten läßt, daß daher der Vergleich der Arbeit Moltkes mit derjenigen eines Schanzgräbers unzulässig ist und also ein Widerspruch unseres Sozialisten nicht vorliegt.

Für die „gesellschaftliche Behörde" wird also die Taxirung der Arbeit, die ein jedes eingelieferte Produkt gekostet, keine absolut unlösbare Aufgabe sein. Auch wird jedem Fehler der Behörde die Korrektur auf dem Fuße folgen: jede Arbeit, die zu niedrig geschätzt ist, wird allmählich verlassen werden, und jede Arbeit, die zu hoch geschätzt ist, wird immer mehr aufgesucht werden. Die Folge davon würde eine höhere Taxirung jener und eine niedrigere dieser Arbeit sein.

Damit ist aber auch schon bewiesen, daß, selbst wenn alle Güter blos nach der kostenden Arbeitsquantität taxirt würden, sie doch in vielen Fällen Schwankungen ausgesetzt wären.

Nehmen wir an, daß Jeder, der eine gewisse Arbeit verrichtete, eine Bescheinigung über 10 Stunden Normalarbeit erhielte; nach einem halben Jahre stelle es sich durch den Zudrang zu jener Arbeit heraus, daß dieselbe blos 9 Stunden wert wäre.

Wird nun der Staat die noch von früher her vorhandenen Produkte für 10 Normalstunden und die nunmehrigen für 9 Stunden verkaufen, wie man konsequent nach Rodbertus schließen müßte? Das geht nicht an. Denn der Staat kann nicht für dieselbe Waare einen zweifachen Preis-Tarif haben. Vielmehr würde sich in diesem Falle eine allmähliche Preis-Reduktion empfehlen, durch welche die früheren Güter zu einem niedrigeren, die von nun an produzirten Güter dagegen noch zunächst zu einem höheren Preise, als ihren Kosten an Arbeit entspricht, verkauft werden.

Dasselbe müßte beim Steigen der Produktivität Statt haben. Nehmen wir an, eine Waare sei bisher mit 100 Normalstunden hergestellt und demgemäß auch verkauft worden. Durch eine neue Erfindung werde dieselbe Waare von nun an mit 50 Stunden hergestellt. Da die Sozialverwaltung dieselben Waaren nur zu gleichen Preisen verkaufen kann, wird sie den Preis nach und nach herabsetzen, um nicht mit den bereits aufgehäuften Produkten von 100 Normalstunden Verluste zu haben.

Dies ist also die zweite Ausnahme von dem Rodbertus'schen Satze, daß sich im Sozialstaate die Produkte nach der kostenden Arbeitsquantität verkaufen.

Eine dritte Ausnahme vom Prinzip unseres Sozialisten bilden die Fabrikate, zu deren Produktion (im Vergleich zum Begehr) in beschränkter Menge vorhandene Stoffe notwendig sind. Derartige Produkte werden einen mehr als „normalen" Tauschwert haben (d. h. einen größeren, als den Arbeitskosten entspricht). Denn nur der hohe Tauschwert solcher Artikel kann einem schnellen Verbrauche derselben vorbeugen. Wenn dieselben zu ihren Produktionskosten verkauft würden, so würde sie ein Jeder zu kaufen suchen. Die Folge davon wäre, daß die Nachfrage nach ihnen ungeheuer stiege, und nach kurzer Zeit wären sie vollständig aufgebraucht. Die einzige Möglichkeit zur Regelung des Absatzes der Seltenheitsstoffe — und solche sind ja in vielen Produkten vorhanden — ist, daß man den Preis derselben über demjenigen der beliebig vermehrbaren Waaren zu halten sucht. Und dies ist bei der angenommenen großen Nachfrage — zu deren bestmöglichen Befriedigung es ja allein geschehen soll — sehr leicht durchzuführen. Dieselbe Taktik wird auch möglicherweise zu Zeiten beim Getreide anzuwenden sein. Wenn z. B. im Sozialstaat eine große Mißernte stattfindet und das Defizit nicht durch Import Seitens andrer Länder genügend zu decken ist (ein Zusatz, der allerdings bei Rodbertus überflüssig ist, da dieser „Eine kommunistisch organisirte Menschengesellschaft" annimmt, welche also den ganzen Erdball bedecken würde), so wird eine Hungersnot nur durch Erhöhung der Getreidepreise zu vermeiden sein, denn nur so wird die notwendige Sparsamkeit aller Bewohner des Sozialstaats durchzusetzen sein.

Die vierte Ausnahme vom Rodbertus'schen Satze machen die Produkte, welche nach ihrer Fertigstellung dadurch, daß sie dem vorläufigen Genuß entzogen und aufbewahrt werden, einen größeren Gebrauchswert gegenüber Produkten erlangen, mit denen dies nicht geschieht. Die aufbewahrten Produkte erhalten einen höheren Wert gegenüber nicht aufbewahrten und damit auch einen höheren Wert gegenüber dem Arbeitsgeld, als ihrer Kostenarbeit entspricht. Sonst müßten ja 2 Flaschen Wein, die gleiche Arbeit gekostet haben, einander wertgleich sein, wiewol die eine nur ein Jahr, die andere dagegen vielleicht 50 Jahre im Keller gelegen hat! Es ist ohne Zwang möglich, der Flasche Wein einen größeren Wert zu geben, als ihr nach ihrer Arbeitsquantität zukommt, weil sie einen größeren Genuß gewährt als eine andere Flasche Wein, die bei derselben Kostenarbeit nur 1 Jahr aufbewahrt worden ist. Es ist sogar notwendig, daß der Preis ein höherer ist, weil dies die einzige Art der Regelung des Absatzes der besseren Flasche Wein ist. Denn Jeder wird natürlich lieber diese als die andere haben wollen.

Die fünfte Ausnahme des Rodbertus'schen Satzes von der Identität des Tauschwerts eines Produkts mit dessen Kostenarbeit wird dadurch bewirkt, daß die auf den Materialersatz verwandte Arbeit sich so gut wie niemals gleich bleibt: teils, weil der Materialersatz bald ein größerer, bald ein geringerer ist, teils weil die Produktivität steigt. Nun geht, wie oben auseinandergesetzt worden, die Rodbertus'sche Annahme der Wertgleichheit von Nationaleinkommen (d. h. den unmittelbaren Konsumtionsgütern) einer Periode und der in derselben geleisteten unmittelbaren Arbeit von der Voraussetzung aus, daß der Materialersatz einer Periode gleich demjenigen jeder anderen ist (nach Arbeit berechnet).

Da dies aber nie genau zutrifft, so werden sich auch nie Nationaleinkommen und Nationalarbeit genau decken, so werden daher auch nie Arbeitsgeld und Güter genau wertgleich sein, wenn man sie nach Arbeit berechnet. Man wird deshalb, je nachdem, den Wert aller Güter etwas höher oder etwas niedriger tarifiren müssen als der aufgewendeten Arbeit entspricht.

Nehmen wir an, das zu Beginn einer Periode vorhandene Material repräsentire 1 Million Stunden Arbeit. In dieser Periode werden nun diesem Material 100 000 Stunden Arbeit hinzugesetzt und der Materialersatz, welcher durchaus nicht genau das verbrauchte Material ersetzt, mit 1050000 Stunden hergestellt. Dann beträgt das Nationaleinkommen und daher die Gesammtheit der Güter 1 100 000 Stunden. Die Nationalarbeit und das ausgegebene Arbeitsgeld beträgt dagegen 1 150 000 Stunden. Der Staat muß demgemäß, um nicht Bankerott zu machen, den Wert jedes Gutes um $^1/_{22}$ erhöhen. Erst in diesem Falle werden Arbeitsgeld und Güter im Gleichgewicht sein.

Die sechste Ausnahme vom Rodbertus'schen Grundsatz wird durch die notwendige Abweisung seiner Voraussetzung bedingt, daß der Lohn der Arbeiter stets der geleisteten Normalarbeit gleich sei.

Wie soll eine Regelung der Produktion bei der fortwährend doch immer mindestens etwas schwankenden Nachfrage nach den verschiedenen Waarenarten geschehen, wenn man jeden Arbeiter nach Normalwerk bezahlt? Wie will man den Zufluß neuer Arbeiter zu einer einzuschränkenden Produktion hemmen? Das einzige Mögliche wäre gemäß dem Rodbertus'schen Prinzip — der Zwang. Man würde die Arbeiter durch die Staatsgewalt hin und her dirigiren, man würde vor Allem den einzelnen jungen Leuten, die sich gewissen Zweigen widmen wollen, dies gänzlich verbieten. Dieses Zwangssystem können wir nicht billigen. Es müßte im Sozialstaat vielmehr auch der Lohn schwanken, je nachdem eine Einschränkung oder Erweiterung der Produktion nötig wäre, soweit wenigstens neue Arbeitskräfte in Betracht kämen, die entweder abzuhalten oder zuzuziehen wären. Darin liegt in gewissem Sinne ja auch ein „Zwang"; derselbe ist aber nur mittelbar und erlaubt dem Einzelnen, denselben zu durchbrechen. Wenn sein Interesse am Fach sehr groß ist, so wird er nicht mehr brutal davon abgewiesen, sondern er kann dasselbe betreiben, allerdings bei geringerem Lohne, als wenn er sich einem andern Fach widmete. Es würde hier also an Arbeitsgeld weniger oder auch mehr verabreicht werden, als der geleisteten Arbeit entspricht.

Demgemäß würde auch zur Aufrechterhaltung des Gleichgewichts zwischen Arbeitsgeld und Produkten die betreffende Waarengattung niedriger oder höher, als ihrer Kostenarbeit entspricht, taxirt werden müssen.

Die siebente Ausnahme vom Prinzip unseres Denkers entsteht endlich dadurch, daß der höheren bezw. niedrigeren Tarifirung eines Teils der Waaren (im Verhältnis zur Kostenarbeit) die umgekehrte Tarifirung bei der Gesammtheit der andern Waaren entsprechen muß. Nur so ist das Gleichgewicht zwischen Arbeitsgeld und Nationalarbeit zu erreichen.

Werden z. B. Seltenheitsstoffe statt ihrer Kostenarbeit entsprechend zu 10 000 Stunden vielmehr zu 15 000 Stunden Arbeit verkauft, so muß der Wert sämmtlicher anderen Waaren insgesammt um 5000 Stunden vermindert werden. Denn sonst wäre weniger Arbeitsgeld vorhanden als die Produkte an Arbeit repräsentirten. —

Als Haupteinwand aber muß gegen das Rodbertus'sche Prinzip der steten Identität von Waarenwert und kostender Arbeitsquantität gelten die Nicht-Berücksichtigung des schwankenden sozialen Gebrauchswerts der Waaren. Haben alle Güter zu allen Zeiten denselben Wert für die Gesellschaft, d. h. befriedigen sie immer gleich starke gesellschaftliche Bedürfnisse? Nein und abermals nein! Und trotzdem soll die Gesellschaft für jene Güter zu allen Zeiten den gleichen Preis zahlen? Sie soll, auch wenn ihr Bedürfnis danach geringer ist, den gleichen Preis zahlen? Man kann sagen: wenn weniger Bedürfnis nach jenen Gütern vorhanden ist, so wird, sobald dies bemerkt wird, die Produktion derselben entsprechend eingeschränkt werden. Aber es handelt sich hier doch um die Güter, die nun einmal produzirt worden sind und deren sozialer Gebrauchswert erst nach bezw. während ihrer Fertigstellung gesunken ist. Man muß ferner auch den umgekehren Fall in Betracht ziehen, die Steigerung des sozialen Gebrauchswertes der Güter nach ihrer Produktion. Offenbar werden alle Sozialstaats-Bürger bei gleichen Kosten die Güter mit höherem Gebrauchswerte solchen mit niederem Gebrauchswerte vorziehen. Es wird eine Jagd nach jenen, eine Abwendung von diesen entstehen. Wollte man jeden Zwang vermeiden und einen wirklich befriedigenden Ausgleich herbeiführen, so müßte die Sozialstaats-Verwaltung — unter der Voraussetzung, daß überhaupt obrigkeitliche Preistaxen existirten, welche wir aber nicht für unbedingt und notwendig mit jedem Sozialstaat verbunden erachten, — es müßte also die Sozialstaats-Verwaltung die Preise der gesuchten Artikel entsprechend der gestiegenen Nachfrage erhöhen, diejenigen der weniger begehrten dagegen entsprechend der gesunkenen Nachfrage erniedrigen. Auf diese Weise wäre es möglich, Angebot und Nachfrage in ein wirkliches Gleichgewicht zu bringen. Auf diese Weise wird der gordische Knoten gelöst, — nicht zerhauen, wie von Rodbertus.

Dieser besteht unerbittlich darauf, daß alle Güter zur kostenden Arbeitsquantität verkauft werden, gleichviel ob ihr sozialer Gebrauchswert gesunken oder gestiegen ist. Führt dies bei den Produkten mit gestiegenem Werte zu der Unannehmlichkeit eines großen Andrangs und vielleicht sogar zu Bevorzugungen seitens der verteilenden Behörde, — so führt es bei Produkten mit gesunkenem Wert indirekt sogar zum Zwange. Denn diejenigen, die ihr Arbeitsgeld nicht an den mehr gewünschten Artikeln realisiren konnten, werden nunmehr, um überhaupt etwas für ihre Arbeit zu erhalten, die weniger begehrten Artikel zum selben Preise wie jene kaufen müssen, was natürlich mit einem gewissen Widerwillen geschehen wird. Da diese Uebelstände, wenn möglich, vermieden werden müssen, so wird man sich nicht Rodbertus' Verteilungsprinzip anschließen können, welches den Gebrauchswert der Waaren gar nicht berücksichtigt. —

Sonst haben wir noch zu der Rodbertus'schen Zeichnung des Sozialstaats zu bemerken, daß die Berücksichtigung der verschiedenen Arbeitsbedingungen, unter denen eine Waare produzirt wird, fehlt: Rodbertus setzt vielmehr voraus, daß der Lohn für gleiches Arbeitswerk stets ein gleicher sein müsse.

Dies würde aber im Sozialstaat wiederum das Monopol begründen; die Arbeiter der einen Wirtschaft würden bei Aufwendung derselben Arbeit das Doppelte an Getreide produziren und gelohnt erhalten, wie die Arbeiter der andern Wirtschaft. Um dies zu vermeiden, müßte es ein unbedingtes Postulat sein, daß von dem unter günstigeren Bedingungen erzeugten Produkt dem Arbeiter ein diesen möglichst genau entsprechender Teil abgezogen werde. —

Uebergang zum Sozialstaat.

Da Rodbertus die Ursachen der wirtschaftlichen Leiden der modernen Volkswirtschaft, der Handelskrisen und des Pauperismus, darin sucht, daß der relative[1]) Lohn der Arbeit in dem Verhältnis sinkt, als diese selbst produktiver wird, so ist leicht einzusehen, daß seine Vorschläge zur Abhilfe darin bestehen, dieses „grausame" Gesetz eines sich selbst überlassenen Verkehrs in sein Gegenteil umzukehren. Dazu sind eine ganze Reihe von Maßnahmen notwendig, deren leitender Gesichtspunkt der ist, die Arbeiter nur auf die von jetzt ab steigende Produktivität anzuweisen, während die bestehenden Gewinne, die Renten, in keiner Weise gekürzt werden sollen[2]). Rodbertus will einen „loyalen" Uebergang, da seiner Ansicht nach nur auf diese Weise der soziale Weg betreten werden kann, ohne das geringste Hemmnis zu finden, während jeder revolutionäre Uebergangsversuch die Gesellschaft wie eine Schnecke in ihr heutiges Haus zurückscheuchen muß[3]).

Die nach Rodbertus' Plane vorzunehmenden Reformen sind im Einzelnen die folgenden.

Zunächst soll der Arbeitstag auf eine bestimmte Anzahl von Zeitstunden beschränkt werden. Der „normale Zeitarbeitstag" wird natürin den verschiedenen Gewerken verschieden zu normiren sein, je nach den verschiedenen Intensitäten des Mühe- und Kraftaufwandes, den die Arbeit in diesen Gewerken jeweils erfordert.

Wenn er z. B. in dem einen Gewerk auf 10 Zeitstunden festgestellt werden soll, so verdient er nach diesem Verhältnis in einem andern Gewerk vielleicht schon auf 8 Zeitstunden herabgesetzt zu werden.

Nachdem so der normale Zeitarbeitstag in jedem Gewerk festgestellt worden, muß auch noch in jedem Gewerk das „normale Arbeitswerk" eines solchen normalen „Zeitarbeitstages" bestimmt werden, d. h. es muß diejenige Quantität Werk oder Leistung normirt werden, die ein mittlerer Arbeiter bei mittlerer Geschicklichkeit und mittlerem Fleiß

---

1) D. h. also der Arbeitslohn betrachtet als Bruchteil des Nationaleinkommens.

2) Ausdrücklich ausgesprochen in Rodbertus-Meyer S. 116.

3) Rodbertus-Meyer S. 365. Mit Recht sagt daher Rodbertus von sich: „Ich lege nur auf einen loyalen Uebergang Wert; in den Dingen bin ich radikal."

während eines solchen Zeitarbeitstages in seinem Gewerke zu liefern im Stande ist. Diese Quantität Werk oder Leistung repräsentirte in jedem Gewerk das gleiche normale Arbeitswerk eines normalen Zeitarbeitstages und konstituirte damit auch in jedem Gewerk den normalen Werkarbeitstag d. h. das, was jeder Arbeiter eines Gewerks in seinem normalen Zeitarbeitstage liefern müßte, damit er einen vollen Arbeitstag bezahlt oder bescheinigt erhielte. Hätte ein Arbeiter in dem vollen normalen Zeitarbeitstage seines Gewerks doch nur das halbe normale Tagewerk geleistet, so würde er auch nur einen halben normalen Werkarbeitstag gelohnt erhalten; hätte er anderthalb Normalwerk darin geliefert, so würde er auch anderthalb Tage gelohnt bekommen.

Zu diesen beiden Festsetzungen eines normalen Zeitarbeitstages und eines normalen Werkarbeitstages, die offenbar nur mittels Intervention des Staates erfolgen könnten, müßte noch eine weitere Intervention desselben hinzukommen.

Unter der Autorität des Staates müßte auch noch in jedem Gewerk der Lohnsatz für den normalen Werkarbeitstag bestimmt, resp. zwischen Arbeitsnehmern und Arbeitsgebern vereinbart werden. Dieser festgesetzte Lohnsatz müßte periodisch revidirt und nach Maßgabe der Steigerung der Produktivität der Arbeit ebenfalls erhöht werden.

So wird auch erreicht, daß der nationale Arbeitslohn im Allgemeinen stets im Verhältnis der steigenden nationalen Produktivität mitsteigt.

Auf diese Weise würde ein gerechtes soziales Lohnsystem eingeführt werden, d. h. ein System, das

den besseren Arbeiter auch besser lohnte wie den schlechteren, also Recht und Interesse der Arbeiter unter einander ausgliche;

die Gesellschaft davor bewahrte, den schlechten Arbeiter wie den guten lohnen zu müssen, und also auch Recht und Interesse der Arbeiter mit dem Recht und Interesse der Gesellschaft in Einklang brächte;

endlich auch den Arbeitslohn im Allgemeinen stetig mit der steigenden nationalen Produktivität und dem steigenden Einkommen der beiden Besitzerklassen mitsteigen ließe.

Nun ist aber die Beibehaltung des Metallgeldes beim Normalarbeitstag — d. h. die Beibehaltung eines Wertmaßes, das an sich selbst Schwankungen unterworfen ist, die mit den aus der Veränderung der Produktivität der Arbeit hervorgehenden Schwankungen des Produktwerts, auf den das Geld anweist, nicht zusammenfallen — von großen Schwierigkeiten begleitet (die Rodbertus jedoch nicht näher auseinander setzt). Diese Schwierigkeiten werden vermieden, wenn der normale Werkarbeitstag zur Werkzeit oder Normalarbeit erhoben wird und nach solcher Werkzeit oder Normalarbeit nicht blos

1) der Wert des Produkts jedes Gewerks normirt, sondern auch
2) der Lohn in jedem Gewerk bezahlt wird.

Um die Normirung des Produktwerts nach Werkzeit oder Normalarbeit zu erreichen, muß der normale Werkarbeitstag, der in jedem Gewerk = 1 Tag gilt, er mag in den verschiedenen Gewerken eine noch so verschiedene Anzahl von Zeitstunden in sich schließen, und der eine Produktquantität repräsentirt, die einem normalen Tagewerk gleich ist, — muß also dieser normale Werkarbeitstag als Werkzeit oder Normalarbeit aufgefaßt und in allen Gewerken in die gleiche Anzahl von 10 Werk-Stunden geteilt werden. Nach solcher Werkzeit wird dann das Produkt in allen Gewerken gemessen.

Eine Produktquantität, die einem vollen normalen Tagewerk gleich wäre — sei sie nun das Produkt eines halben Zeitarbeitstages oder zweier normaler Zeitarbeitstage —, wäre 1 Werktag oder 10 Werkstunden wert.

Eine Produktquantität, die einem halben normalen Tagewerk gleich wäre — sei auch sie das Produkt irgend einer beliebigen normalen Zeitarbeit —, wäre wert $^1/_2$ Werktag oder 5 Werkstunden u. s. w.

Natürlich wird die Quantität Normalarbeit, die irgend eine Produktquantität repräsentirt oder wert ist, nicht nur durch die „unmittelbare" Arbeit bestimmt, d. h. durch diejenige Quantität Normal-Arbeit, welche die produzirenden Arbeiter unmittelbar in dem Produktquantum geleistet haben. Da vielmehr die Arbeiter mit Werkzeugen arbeiten, die zur Produktion beitragen, sich aber ab- und vernutzen, so wirkt außer der „unmittelbaren" Arbeit auch „mittelbare" zur Produktion mit, für welche dem Produktquantum auch noch ein Zusatz von Normalarbeit in Rechnung zu stellen wäre. Die Größe dieses Zusatzes würde sich leicht bestimmen lassen. Er wäre gleich derjenigen Quantität Normalarbeit, die im Verhältnis zur Abnutzung des gleichfalls nach Normalarbeit geschätzten Werkzeugs stände. Wäre z. B. zu irgend einer Produktquantität von den Arbeitern 50 Stunden unmittelbare Normalarbeit geleistet und die Abnutzung der dabei verwendeten Werkzeuge wäre 10 Werkstunden gleichzusetzen, so würde jene Produktquantität auch nicht blos 50, sondern 60 Stunden Normalarbeit wert sein.

Wie die Bestimmung des Produktwertes kann auch die Löhnung der Arbeiter nach Werkzeit oder Normalarbeit geschehen. Jeder Arbeiter erhielte in seinem Lohn so viel Normalarbeit bescheinigt, als er an Produktwert zu beanspruchen für berechtigt gehalten würde.

Wären die Arbeiter allein zu Anteilen am nationalen Produktwert berechtigt, so würde jeder Arbeiter auch die ganze Normalarbeit, die er geleistet, bescheinigt erhalten müssen, und der ganze nationale Produktwert verteilte sich allein unter die Arbeiter.

Wenn z. B. ein Arbeiter $1^1/_2$ normales Tagewerk in seinem normalen Zeitarbeitstag geliefert hätte, so erhielte er auch $1\,^1/_2$ normales Tagewerk in seinem Lohn bescheinigt. Das ganze Nationaleinkommen, das x Normalarbeit wert wäre, ginge auch allein in Arbeitslohn auf, der x Normalarbeit betrüge. Doch ist ein solcher Zustand niemals zu verwirklichen.

Die nationale Produktion setzt nicht nur den ganzen Staat voraus, sondern bedarf auch noch an sich selbst wirtschaftlicher Funktionäre, die andere als materielle, in Normalarbeit auszugleichende Leistungen zu verrichten haben — nämlich volkswirtschaftliche Leistungen, z. B. in Erkundung des nationalen Bedürfnisses, in Verwaltung der zur Befriedigung dienenden Produktionsmittel u. s. w. u. s. w. — und die daher in Wiedervergeltung dieser ihrer Dienstleistungen auf die Produkte der materiellen, produktionswirtschaftlichen Arbeitsgemeinschaft mit demselben Recht, wie der ganze Staat mit seinen Bedürfnissen, angewiesen sind. Das Gehaltssystem, nach welchem diese „volkswirtschaftlichen Beamten" bezahlt werden, läßt sich allerdings unter verschiedenen Formen vorstellen. Heute beruht es auf dem Grund- und Kapitaleigentum, das gleichsam ein erbliches volkswirtschaftliches Beamtentum dieser Art begründet, dessen Gehalt in der Form von Grundrente und Kapitalgewinn gezahlt wird.

Daß heute im „freien Verkehr" Umstände obwalten, die in vielen Fällen das Gehalt unmäßig erhöhen und die Beamten dieser Gattung in den Stand setzen, wie reiche Pfründner die ihnen obliegende Arbeit durch Vikare verrichten zu lassen, thut der wesentlichen Richtigkeit dieser Auffassung keinen Eintrag.

Es kann also der Arbeiter in keinem Gesellschaftszustande sein ganzes Normalarbeitsprodukt erhalten, niemals in seinem Lohn die von ihm geleistete ganze Normalarbeit bescheinigt erhalten. Es muß vielmehr immer das, was der Staat „kostet", und das, was die unmittelbare Leitung der Arbeitsgemeinschaft selbst, in der Form von Gehalt für die betreffenden volkswirtschaftlichen Beamten, erfordert, abgezogen werden, welch' letzterer Betrag heute als Grundrente und Kapitalgewinn auftritt. Hat also auch der Arbeiter allerdings in seinem normalen Zeitarbeitstag 10 Stunden Normalarbeit geleistet, — er kann in seinem Lohn doch vielleicht nur 3 Werkstunden bescheinigt erhalten, mit andern Worten, auf drei Werkstunden Produktwert angewiesen werden, denn eine Werkstunde Produktwert repräsentirt vielleicht seinen Beitrag zum Staatsbedarf und je drei Werkstunden würden auf Grundrente und Kapitalgewinn darauf gehen.

In der That ist die Werkzeit oder Normalarbeit ein Maß, das sowol als Wertmaß der Produkte, als auch als Einkommensmaß der berechtigten Klassen, namentlich auch als Lohnmaß des Arbeiters, zu dienen im Stande wäre.

Wie aber kann der Werktag praktisch gemacht werden? Wie kann man ihn zur Lösung der „sozialen Frage", zur Einführung eines Lohnsystems verwenden, mittels dessen auch der Arbeiterstand sich vom Boden des „notwendigen Unterhalts" aufschwingen und an den zunehmenden Früchten der steigenden nationalen Produktivität teilnehmen kann?

Dies kann nach Rodbertus durch Eingreifen des Staates geschehen, ohne daß es nötig wäre, dem Grund- und Kapitaleigentum von seinem Grundrenten- und Gewinnbetrage etwas fortzunehmen.

Man braucht nämlich nur den Mehrlohn auf die Zukunft, auf die steigende nationale Produktivität anzuweisen, braucht nur zu verhindern, daß auch für alle Zukunft dieses Plus einer steigenden Produktivität der Grundrente und dem Kapitalgewinn allein zuwachse.

Dies geschieht, wenn

a. der Produktwert nach Normalarbeit konstituirt wird;
b. der Lohn als Quote dieses nach Normalarbeit berechneten Produktwertes fixirt wird;
c. Anstalten getroffen werden, welche die Realisirung dieses Lohnes nach dem angewandten Maß in Lohngütern sichern.

Sind diese drei Maßregeln durchgeführt, so steigt der Reallohn (d. h. der Lohn, betrachtet nach der Menge der Sachgüter, die er gewährt) in der That im Verhältnis der steigenden Produktivität mit, ohne daß dem gegenwärtigen Grundrenten- oder Kapitalgewinnbetrage irgend etwas entzogen worden.

Nehmen wir z. B. an, daß eine bestimmte nationale Arbeiterbevölkerung zehn Millionen Werkstunden Produktwert lieferte, wovon 3 Millionen auf Lohn, 1 Million auf Staatsbedarf und je 3 Millionen auf Grundrente und Kapitalgewinn darauf gingen.

Die auf den Lohn entfallenden 3 Millionen Werkstunden mögen zur Zeit nur einen Reallohn enthalten, der dem notwendigen Unterhalt gleichkommt. Indessen ist nach 20 Jahren die Produktivität auf das Doppelte gestiegen, d. h. dieselbe Anzahl Arbeiter stellt in derselben Zeitarbeit die doppelte Quantität Produkt her. Jetzt würden also

3 Millionen Werkstunden Produktwert zweimal den Ertrag des notwendigen Unterhalts repräsentiren. In einem sich selbst überlassenen Verkehr, in welchem das „eherne Gesetz“ den Lohn immer wieder auf den Betrag des notwendigen Unterhalts herabdrückt, würde also auch der Lohn — nach Normalarbeit bemessen — auf die Hälfte fallen: die Arbeiter würden in einem solchen Gesellschaftszustande — und dies ist im Wesentlichen der heutige — nur $1^1/_2$ Millionen Werkstunden Produktwert oder nur noch $^3/_{20}$ des ganzen nationalen Produktwerts erhalten. Wäre dagegen der Lohn als Quote — im vorliegenden Falle zu $^3/_{10}$ des ganzen nationalen Produktwerts — fixirt worden, so wäre damit auch das „eherne Gesetz“ beseitigt und die Arbeiter bekämen mittels eines als Quote am Produkt sich gleichgebliebenen Lohnwertbetrages doch doppelt so viel Reallohn, als der notwendige Unterhalt betragen hatte.

Auf welche Weise werden nun die drei oben angeführten Maßregeln durchgeführt?

a. Der Wert, wenigstens der Lohngüter, muß nach Normalarbeit konstituirt werden.

Dazu muß der Staat, nachdem in allen Gewerken der normale Zeitarbeitstag (der also nicht nur „maximaler Zeit-Arbeitstag“ ist!) und der normale Werkarbeitstag festgesetzt worden, den Wert der Produktquantität, die das normale Tagewerk repräsentirt, nach solcher Normalarbeit konstituiren und dann diese Festsetzungen periodisch revidiren, um sie immerwährend mit den Fortschritten der nationalen Produktivität in Einklang zu erhalten. Wenn also z. B. bei dem heutigen Stande der Produktivität 10 Ellen Leinwand gleich 1 normalen Tagewerk ist, so wird heute auch diese Produktquantität auf den Wert von 1 Werktag oder 10 Werkstunden konstituirt.

Hat sich aber in 10 Jahren die Produktivität so gesteigert, daß alsdann das normale Tagewerk gleich 20 Ellen Leinwand ist, so wird nun auch der Wert von 20 Ellen Leinwand auf 1 Werktag oder 10 Werkstunden konstituirt. Mit andern Worten und allgemein ausgedrückt: Ein nach Normalarbeit bemessener gleicher Produkt*wert* schließt immer in demselben Verhältnis, in welchem die Produktivität sich steigert, auch gesteigerte Produktquantität ein.

b. Der Lohn muß als Quote eines solchen Produktwerts fixirt werden.

Dazu muß der Staat:

1) den augenblicklichen Metallgeldwert des Nationalprodukts, so

wie die Quote, die der augenblickliche nationale Geldarbeitslohn davon ausmacht, ermitteln und muß

2) diesen Quotensatz auf das nach Normalarbeit geschätzte Nationalprodukt übertragen und für alle Zukunft auf diesem Satze festhalten.

Augenscheinlich wird dadurch bewirkt, daß derselbe Lohnwert (z. B. 3 Werkstunden) in geradem Verhältnis der steigenden Produktivität auch aufsteigend mehr Reallohn anweist.

c. Es müssen Anstalten getroffen werden, welche die Realisirung des Lohnes nach solchem Maße in Lohngütern sichern.

Dazu muß der Staat:

1) die Ausgabe dieses Lohngeldes — gleich dem Papiergelde — sich selbst vorbehalten;
2) den Arbeitgebern nach Maßgabe der Arbeiter, die sie in ihrer Unternehmung beschäftigen, in diesem Gelde Darlehen gewähren, die sie in nach Normalarbeit bemessenem Produktwert zurückzuzahlen haben;
3) Magazine für diese in Produkten zurückgezahlten Darlehen anlegen;
4) endlich die Lohnzettel der Arbeiter gegen diese Produkte nach dem konstituirten Wert annehmen.

Man sieht, hier ist die Idee der unmittelbar auf Waaren gegründeten Darlehnskassenscheine verwirklicht. In ihnen würde der Staat im Stande sein, den Arbeitgebern einen sehr billigen Kredit zu gewähren, der dieselbe in den Stand setzen würde, leichter mit dem Auslande zu konkurriren und sie daher auch umsomehr dieser Einrichtung geneigt machen würde. —

Natürlich soll der durch diese Maßregeln geschaffene Zustand ein Provisorium sein; aber doch ein solches, welches die Besitzer noch für Jahrhunderte hinaus in dem sicheren Besitze ihrer gegenwärtigen Renten lassen würde. Schließlich muß auch dieser Zustand weichen und dem reinen Sozialstaat Platz machen, in welchem nur Lohn- oder Verdiensteinkommen, d. h. nur Arbeitseinkommen abfällt. — Bei diesem letzten Uebergangsstadium müssen die Besitzerklassen vollauf entschädigt werden; denn beraubt werden soll Keiner [1]). — —

---

[1]) Roscher meint, der Gütergemeinschaft müsse notwendig eine „fürchterliche kulturzerstörende Umwälzung" vorhergehen, die nicht wesentlich dadurch gemildert wäre, wenn den bisherigen Eigentümern ihre Grundstücke, Häuser, Maschinen, Leihkapitalien u. s. w. konfiszirt und ihnen dafür auch noch so große Massen von Wein, Fleisch, Kleidern u. s. w. ausgeworfen würden (Roscher a. a. O. § 81).

Die Durchführung dieser Reformen soll nach Rodbertus das Steigen des realen Arbeitslohnes im geraden Verhältnis zu der wachsenden Produktivität bewirken und damit auch die Handelskrisen und den Pauperismus verhüten [1]).

Man sieht, der Vorschlag von Rodbertus ist wirklich „loyal", wie er es versprochen hat. Er geht auf eine Sozialreform hinaus, die die Arbeiter auf die zukünftige Steigerung der Produktivität anweist und auch hier nur in demselben Maß wie die „Besitzer", die Kapitalisten und Grundherren. Nichtsdestoweniger bezweifeln wir, daß man sich bei dieser Reform nicht „an den geringsten Stein" stoßen würde, wie Rodbertus meint [2]). Denn sein Vorschlag mag noch so richtig, noch so segenspendend sein, das Interesse der besitzenden Klassen ist dagegen und würde mit allen möglichen Mitteln die Durchführung hindern.

Nur wenn es gar nicht anders ginge, wenn das Schreckgespenst der sozialen Revolution an die Thür der Gesellschaft pochte, würde man sich, wenn auch unter heftigem Widerstreben, zu so tiefgreifenden Reformen entschließen können.

Allerdings glauben wir auch nicht, daß dieselben vor dem Richterstuhle einer objektiven, wissenschaftlichen Kritik haltbar sind.

Selbst wenn sie völlig unanfechtbar wären, würden sie doch nicht den ihnen von Rodbertus zugeschriebenen Erfolg haben können, als eine Art von Panacee gegen die wirtschaftlichen Leiden der Gegenwart zu dienen. Denn unsere Kritik der Rodbertus'schen Gesellschaftskritik hat gezeigt, daß so lange die planlose Konkurrenz besteht, das gleichmäßige Mitsteigen des Arbeitslohnes mit der Produktivität der Arbeit die Handelskrisen nur lindern, aber bei weitem nicht aus der Welt schaffen kann.

Dies hat aber zur Folge, daß die vorgeschlagene Reform, die wir zunächst ohne die wenig ansprechende Zugabe des „Arbeitsgeldes" mit

---

Ich möchte fragen: was ist der Grund, um dessentwillen der Eigentümer die Produktivkapitalien in Besitz behalten will? Doch nur das Einkommen, das ihm dieselben gewähren. Es wäre deshalb allerdings eine wesentliche Milderung der Konfiskation der Produktivkapitalien, wenn deren Besitzer und vielleicht noch deren nächste Nachkommen eine Rente in Konsumtionsgegenständen erhielten, welche ihnen gestattete, ihre bisherige angenehme Lebensweise unverändert beizubehalten, und wenn erst eine spätere Generation sich dem für Alle gleichmäßig sorgenden idealen neuen System anzupassen hätte.

[1]) Tüb. Zeitschr. Bd. 34 Jahrg. 1878 S. 324—347.

[2]) Rodbertus-Meyer S. 365.

all' ihren unrealisirbaren Konsequenzen betrachten wollen, gewichtigen Einwürfen ausgesetzt ist. Denn wenn einmal festgestellt ist, daß auch nach Durchführung der angeführten Maßnahmen auf- und absteigende Konjunkturen zu unterscheiden sind, so kann billigerweise vom Unternehmer nicht verlangt werden, daß er die gleichen Löhne in diesen wie in jenen zahle.

Es müßte also konsequent bei Absatzstockungen der Staat die Löhne entsprechend der schlechten Geschäftslage herabsetzen, um sie dann in besseren Zeiten wieder zu erhöhen. Zugleich folgte daraus, daß das gleiche „Normalwerk" nicht in allen Industriezweigen den gleichen Lohn erhalten könnte, da ja nicht in allen die Konjunktur dieselbe ist. Ferner würde es bei genauer Befolgung des Rodbertus'schen Planes unmöglich sein, den Reallohn (also den Lohn betrachtet als eine Summe von Sachgütern) gleichmäßig mit der wachsenden Produktivität mitsteigen zu lassen. Denn auch angenommen, es käme die äußerst schwierige Berechnung des Arbeitslohnes als eines Bruchteils des Nationaleinkommens ohne Fehler zu Stande, so würde damit der Sachlohn nichts weniger als genau bestimmt sein.

Die Lohnherren, also vor Allem die Fabrikanten und die Gutsbesitzer, würden den Preis ihrer Produkte um einen Teil des Plus, das sie an Löhnen zu zahlen haben, erhöhen und auf die Kaufleute abwälzen[1]), diese würden wieder einen Teil auf die Konsumenten

---

[1]) Damit ist zugleich der weitverbreiteten Ansicht entgegengetreten, daß der Arbeitslohn, selbst wenn er den ganzen Unternehmergewinn verschlänge, nur um ein Geringes erhöht würde. Diese Theorie ist mit zuerst von Proudhon vertreten worden, der folgendermaßen argumentirt: „Eine Spinnerei von 15000 Spindeln, die 300 Arbeiter beschäftigt, wirft im Laufe des Jahres noch lange nicht 20000 Franken Gewinn ab. Indeß wir wollen diese Zahl gelten lassen. Verteilen wir die 20000 Fr. als den Gewinn der Fabrik auf 300 Personen und 300 Arbeitstage, so erhalten wir für Jeden eine Lohnerhöhung von 22,2 Centimes, also für die tägliche Ausgabe einen Zuschuß von 18 Cent., gerade genug zu einem Stück Brot. Ist das der Mühe wert, die Unternehmer zu expropriiren?" („Widerspr. d. Nationalökonomie" Bd. 1 S. 148—149.)

Proudhon übersieht hier, daß es neben den Unternehmungen, die viel Arbeiter beschäftigen, auch solche Unternehmungen giebt, die wenig Arbeiter haben (wie z. B. die Geschäfte behufs Waarenvertrieb), und ferner Renten, die ohne irgend ein Gewerbe bezogen werden. Will man also wissen, um wie viel der Arbeitslohn durch Aufhebung des Kapital- (inkl. Unternehmer-)gewinnes steigen kann, so muß man sämmtliche überhaupt in der Gesellschaft abfallenden Kapitalgewinne (und nicht blos diejenigen der Fabrikanten) zusammenrechnen und auf das ganze in der Gesellschaft beschäftigte Arbeiterpersonal verteilen. Im obigen Falle, wo es sich nur um Reduzirung der Gewinne handelt, werden die Unternehmer mit viel abzuwälzen versuchen. Je nach dem Betrage nun, um den eine schließliche Preiserhöhung bei den Massenartikeln stattfindet, wird auch der Geldlohn nicht so viel reelle Güter wie ursprünglich kaufen können, d. h. der Arbeitslohn wird eine kleinere Quote des Nationaleinkommens bilden, als ihm ursprünglich zugedacht war. Die Sache wird dadurch noch verwickelter, daß dieser für alle Kreise so bedeutungsvolle Abwälzungsprozeß periodisch wiederkehrt. Dazu kommt nun, daß das Geld als Waare besonderen Schwankungen unterworfen ist, welche wiederum bewirken, daß der Sachlohn von dem festgesetzten Grade der Steigerung der Produktivität abweicht.

Diese Schwierigkeiten sucht Rodbertus (der übrigens nur die letzterwähnte bemerkte) durch Einführung des Arbeitsgeldes zu überwinden, wodurch er zu einer Theorie kommt, die ein wahres Nest von Irrtümern in sich birgt.

Zunächst soll danach der Wert des Produktes jedes Gewerks nach Normalarbeit taxirt und verkauft werden.

Dieser eine Satz enthält nicht weniger als 10 schwerwiegende Mängel:

1) Der Verkauf der Güter nach geleisteter Arbeitszeit ist in dem Rodbertus'schen Uebergangsstadium unmöglich, weil in diesem Falle — wie oben bewiesen ist — derjenige, welcher die Reihe der ein Produkt verarbeitenden Unternehmer beginnt, einen verhältnismäßig größeren Gewinn machen müßte als der Folgende, dieser wiederum als der Nächstfolgende und so fort.

Der Mehrgewinn des ersten Unternehmers, des Rohproduzenten, mag nun noch als Grundrente angesehen werden, die andern Mehrgewinne, die Extrarenten, widersprechen aber ganz gewiß dem Prinzip, daß der Kapitalgewinn in allen Gewerben nach Gleichheit strebt.

Arbeitern, die demgemäß einen verhältnismäßig großen Teil ihres Kapitals auf Arbeitslöhne verwenden, durch die Steigerung derselben ihre Produktionskosten verhältnismäßig weit mehr erhöht sehen, als die Unternehmer mit einer geringen Arbeiterzahl. In Folge davon würde — mindestens allmählich — eine Verteuerung der Produkte der Waaren jener nunmehr teurer produzirenden Unternehmer stattfinden.

Beabsichtigt ist nun, daß die anderen, billiger produzirenden Unternehmer, also besonders die Kaufleute, diese Verteuerung tragen. Ob dies nun ganz oder blos teilweise der Fall sein wird, hängt von den Umständen ab. Der Vorgang ist derselbe wie bei der Steuerüberwälzung, über welche erst jüngst von Lexis neues Licht verbreitet worden ist.

Wiederholen wir ganz kurz unsere diesbezügliche Ausführung!

Nehmen wir an, ein Produkt geht durch zehn auf einander folgende Unternehmungen. Dann muß jeder Unternehmer einen seinem Kapitalaufwande entsprechenden Gewinn, d. h. vom Hundert den gleichen Gewinn machen. Blos der erste Unternehmer, der Rohstoffproduzent, der als Grundbesitzer und Kapitalist ein zwiefaches Monopol hat, kann einen Extragewinn, die Grundrente beziehen.

Was geschieht nun aber, wenn der Wert des Produkts in jedem Stadium der darauf haftenden Arbeit gleich ist? Es wirft in jedem früheren Verarbeitungsstadium einen größeren Gewinn als im folgenden ab. Denn nehmen wir an, daß in jeder Unternehmung 100 Stunden Arbeit dem Produkte zugesetzt werden, und daß der Arbeitslohn für je 100 Stunden 50 Stunden betrage, so legt aus:

Der erste Unternehmer 50 Stunden, hat einen Bruttogewinn von 100 Stunden und einen Nettogewinn von 50 Stunden; der zweite Unternehmer legt aus 150 Stunden, hat einen Bruttogewinn von 200 Stunden und einen Nettogewinn von 50 Stunden; der dritte Unternehmer legt aus 250 Stunden, hat einen Bruttogewinn von 300 Stunden und einen Nettogewinn von 50 Stunden; der vierte Unternehmer legt aus 350 Stunden, hat einen Bruttogewinn von 400 Stunden und einen Nettogewinn von 50 Stunden u. s. w.

Es hätte demgemäß der erste Unternehmer einen Gewinn von 100%; der zweite Unternehmer einen Gewinn von $33^1/_3$%; der dritte Unternehmer einen Gewinn von 20%; der vierte Unternehmer einen Gewinn von $14^3/_7$% u. s. fort.

Das ist aber nach dem Gesagten ein Ding der Unmöglichkeit.

2) Der Verkauf der Güter nach der geleisteten Arbeitszeit ist zu verwerfen, da ihr „sozialer Gebrauchswert" fortwährend schwankt.

Die Nachfrage nach den Artikeln ist schwankend, und dies um so mehr, weil die Handelskrisen auch dem Uebergangsstaat nicht fehlen werden. Will wirklich Rodbertus, daß alle Artikel zum Preise der Arbeitskosten abgesetzt würden, so müßte er geradezu den Konsumtionszwang einführen: Jeder müßte eine Anzahl Waaren zum obrigkeitlichen Taxpreise annehmen.

3) Der Verkauf der Güter nach der geleisteten Arbeitszeit ist zu verwerfen wegen der Steigerung der Produktivität, welche be-

wirkt, daß ein Produkt, das bis heute 50 Stunden gekostet, morgen blos deren 40 erfordert. Hier können nun unmöglich die alten Vorräte und die neu hinzukommenden Waaren zum Arbeitspreise verkauft werden, da man nicht eine Waare am selben Ort zur selben Zeit zu zwiefachem Preise verkaufen kann. Hier wäre also ein Uebergangspreis notwendig.

4) Dasselbe wäre zu postuliren für den Fall der Veränderung der Taxpreise in Folge früherer falscher Schätzung der den in Betracht kommenden Gütern zu Grunde liegenden Arbeit.

5) Der Verkauf der Güter nach der geleisteten Arbeitszeit ist zu verwerfen, weil das Nationaleinkommen, nach Arbeit gemessen, geringer oder größer ist, als die Nationalarbeit, falls eine (National-) Kapitaländerung (nach Arbeit gemessen) eintritt, d. h. fast immer. In diesem Falle müßte also, wenn an dem Rodbertus'schen Postulat festgehalten würde, fast immer ein Bankerott oder ein Ueberschuß der Produkte der Gesellschaft in Aussicht stehen.

6) Der Verkauf der Güter nach der geleisteten Arbeitszeit ist zu verwerfen, weil die Seltenheitswerte dabei nicht genügend berücksichtigt worden.

Denn in Folge dessen kann der Verbrauch der seltenen Stoffe auf keinerlei Weise geregelt werden, wenn man nicht Jedem eine im Voraus bestimmte Portion zuteilen will.

7) Beim Rodbertus'schen Vorschlage ist nicht der Unterschied berücksichtigt zwischen Waaren, die durch bloße Aufbewahrung gewonnen haben, gegenüber denen, mit denen dies nicht geschehen, z. B. alten Weinen gegenüber jungen, die dieselbe Arbeit gekostet haben.

8) Die einzige Möglichkeit der Regelung des Zuzugs von Arbeitskräften zu einer Produktion liegt in der Gestattung verschiedener Löhne für das gleiche Normalarbeitswerk. Daher ist auch hier eventuell das eine Normalarbeitswerk nicht gleich dem andern. Rodbertus käme hier notgedrungen zur zwangsmäßigen Zuteilung von Arbeitskräften zu den verschiedenen Produktionsgattungen.

9) Wird aber ein Teil der Waaren höher bezw. niedriger tarifirt, als der geleisteten Arbeit entspricht, so müssen die übrigen Waaren entsprechend niedriger oder höher tarifirt werden; denn sonst würde ja nicht das Gleichgewicht zwischen der Summe des

ausgegebenen Arbeitsgeldes und der Summe der Waarenpreise hergestellt.

10) Der Verkauf der Güter nach der geleisteten Arbeitszeit ist zu verwerfen, so lange man mit Rodbertus zur Arbeit nur die materielle rechnet. Nun will er zwar von jeder geleisteten Arbeitsstunde eine bestimmte Quote abziehen zur Besoldung derjenigen, welche die Produktion leiten. Aber ist diese Kapitalverwendungsarbeit denn bei jedem Produkt der geleisteten Arbeitszeit entsprechend? Mit nichten; bei der einen Produktenart bildet jene immaterielle Arbeit im Verhältnis zur materiellen eine größere Quote als bei der andern Waarengattung. Also sind bei der Mehrzahl der Artikel die Produktionskosten falsch berechnet, wenn man annimmt, daß auf jede Stunde materieller Arbeit ein bestimmtes Quantum immaterieller Arbeit kommt. Man würde auf diese Weise zu einer weniger rationellen Gestaltung der Produktion gelangen.

Diese Gründe, denen noch andere mit Leichtigkeit zugefügt werden könnten, sind mehr als genügend, um die Unmöglichkeit darzuthun, durch die Arbeit allein den Tauschwert der Produkte regelmäßig zu bestimmen.

Ferner muß man auch im Auge halten, daß Rodbertus alle mechanischen Arbeiten mittels des Normalwerkes messen will, daß dies Maß aber in vielen Fällen nicht angewendet werden kann. Alsdann müßte man also auch hier aushülfsweise zum Gehaltssystem (also pro Zeitstunde) greifen.

Wenn aber nun auch wirklich der in der gesammten Nation abfallende Arbeitslohn mit der wachsenden Produktivität gleichmäßig mitstiege — würde dann auch der Arbeitslohn des einzelnen Arbeiters wirklich ebenfalls im selben Maße steigen, wie es Rodbertus annimmt? — Nein, nimmermehr, wenn die Arbeiter nach der gesteigerten Produktivität der Arbeit eine größere Anzahl bilden wie vorher. Und ist nicht in unserm Jahrhundert in den meisten Ländern das stetige Anwachsen der Zahl der Arbeiter die Regel gewesen?

Wenn also nicht Vorkehrungen getroffen werden, daß die Zahl der Arbeiter gleich bleibt, ist es unmöglich, daß der Lohn des einzelnen Arbeiters gleichmäßig mit der wachsenden Produktivität mit steige.

Solche Vorkehrungen hat Rodbertus nicht angegeben; ja, die wichtige Rolle, die die Bevölkerung bei der ganzen Frage spielt, kam ihm nicht einmal in den Sinn. Das hing mit seiner ganzen Stellung zu den wichtigen Fragen der stetigen Volksvermehrung und der steigenden Unproduktivität des Bodens zusammen.

Hinsichtlich jener sagt er, er begreife gar nicht, wie der unerwiesene und unbeweisbare Satz von der unendlichen Prolifizität des Menschengeschlechts sich in die Nationalökonomie habe einschleichen und die besten Köpfe so betören können, daß sie ihn zur Grundlage ihrer wissenschaftlichen Systeme gemacht. Er erklärt, jener Satz sei nicht einmal eine wissenschaftliche Hypothese, sondern vielmehr die leerste und blindeste Supposition, die sich denken ließe[1]).

Andrerseits glaubt Rodbertus, daß die landwirtschaftlichen Systeme neben dem fortwährenden Ersatz der im Boden vorhandenen Urstoffe auf deren stete Vermehrung gerichtet sind, wodurch der durch die Ausdehnung des Ackerbaues hervorgerufenen Tendenz zu steigender Unproduktivität auch von Anfang an und stetig entgegengearbeitet wird, bis auf einem gewissen Punkt das ursprünglich schlechtere Grundstück dem ursprünglich guten gleich steht, die größere Unproduktivität also völlig gehoben ist und von nun an sogar in gesteigerte Produktivität umschlägt[2]).

Ja, Rodbertus meint sogar, daß in unseren Tagen die Agrikulturchemie der Landwirtschaft Aussichten eröffne, die zwar noch zu manchem Irrweg verleiten würden, die aber schließlich die Schöpfung des Nahrungsstoffes ebenso in die Gewalt der Gesellschaft legen dürften, als es heute in ihrer Macht läge, beliebige Tuchquantitäten zu liefern, wenn nur die nötigen Wollvorräte dazu da wären[3])[4]).

---

[1]) Ad. Wagner, „Einiges von und über Rodbertus-Jagetzow", in der Tüb. „Zeitschr. f. die ges. Staatswiss." Jahrg. 1878 Bd. 34 S. 235. — Rodbertus-Meyer S. 185. — Rodbertus, „Zur Erkenntniß" S. 101.

[2]) Rodbertus, „Zur Erkenntniß" S. 98—101; „Zur Beleuchtung" S. 194—216.

[3]) Rodbertus, „Zur Beleuchtung" S. 52.

[4]) Roscher meint, daß im obigen Gedanken „Rodbertus' sozialistische Verkehrtheiten großentheils wurzeln" (System d. Volksw. Bd. 1 § 34 S. 67). In § 107 desselben Bandes sagt Roscher, Smiths „Uebertreibung, daß es Dinge gäbe von größtem Tauschwerte, which have frequently little or no value in use, sei eigentlich der Keim der wichtigsten Irrlehren von Rodbertus". An einer dritten Stelle dieses Buches (§ 42) leitet Roscher die sozialistischen Hauptlehren von Rodbertus ab aus der von diesem zum „Fundamentalsatze aller sozialen Wissenschaft" erklärten Behauptung, „daß alle Güter wirtschaftlich nur als Produkte der Arbeit anzusehen sind, nichts als Arbeit kosten". Diese dritte Ansicht Roschers, welche mit der im Text entwickelten übereinstimmt, scheint uns die richtige zu sein.

Zur Kritik der Rodbertus'schen Ansicht von der Bevölkerung wollen wir blos bemerken, daß es eine Thatsache ist, daß die Arbeiterbevölkerung in Deutschland sich fortwährend vermehrt — und in Deutschland soll ja der Plan nach Rodbertus' Ansicht zuerst ausgeführt werden; daß daher anzunehmen ist, daß zunächst bei jedweder Reform zur Hebung der Lage der arbeitenden Klassen die bisherige Bevölkerungsvermehrung in gleichem Maße fortdauert; und daß erst dann eine einigermaßen vernunftgemäße Regelung des Bevölkerungszuwachses stattfinden kann, wenn die materielle Lebenslage, wie auch das geistige und moralische Niveau der größten und ärmsten Bevölkerungsschicht sich um ein Bedeutendes gehoben hat. Denn nur in diesem Falle kann der Arbeiter die moralische Kraft besitzen, die augenblickliche Sinnenlust seinem und der Seinigen dauernden Wohle unterzuordnen.

Was die Lehre unsers Autors von der immerwährend steigenden Produktivität des Bodens betrifft, so glaube ich dieselbe mit der Modifikation annehmen zu sollen, daß wenigstens für absehbare Zeit der Bodenertrag mit der steigenden Bevölkerung ohne verhältnismäßig größeren Aufwand an Arbeit mitwachsen kann, wenn nur die geeigneten praktisch ausführbaren Sozialreformen geschaffen werden.

Uebrigens wollen wir hier einen logischen Fehler von Rodbertus nicht unerwähnt lassen. Er meint, daß durch den Landbau der Boden fortwährend verbessert werden könne, bis schließlich der schlechte Acker dem guten gleich stünde. Wer merkt aber hier nicht, daß wenn beide Bodenklassen verbessert werden, die Differenz zwischen ihnen immer aufrecht erhalten bleibt, wenigstens bei der Rodbertus'schen Annahme der ewigen Möglichkeit der Melioration? —

So bleibt als ein in gewissem Sinne unbestreitbarer und der eingehenden Ueberlegung werter Gedanke dieses Vorschlags des Uebergangs in den Sozialstaat übrig:

Die Anweisung der Arbeiter auf den künftigen Mehrgewinn, auf die in Zukunft steigende Produktivität, also eine Art Beteiligung der Arbeiter am Unternehmergewinn [1]).

[1]) Die Frage der Gewinnbeteiligung der Arbeiter ist vor Rodbertus bereits mehrfach erörtert worden; in Deutschland von Robert Mohl in einem Artikel „über die Nachteile, welche sowol den Arbeitern selbst als dem Wohlstande und der Sicherheit der gesammten bürgerlichen Gesellschaft von dem fabrikmäßigen Betriebe der Industrie zugehen, und über die Notwendigkeit gründlicher Vorbeugungsmittel" in dem „Archiv der politischen Oekonomie und Polizeiwissenschaft" (herausg. von Rau) Bd. 2 Jahrg. 1835 S. 141—203. Mohl sagt, daß die

Damit soll übrigens durchaus nicht gesagt sein, daß die übrigen Ideen von Rodbertus wertlos seien. Im Gegenteil, sie sind im höchsten Grade anregend, mitunter vielleicht genial: aber sie bedürfen

Eigentümer gewöhnlich von dem positiven Gewinn ihren Arbeitern nichts freiwillig zufließen ließen. Dadurch würde der Lohn der Arbeiter nicht erhöht. Um nun eine Erhöhung zu bewirken, will Mohl, daß den Arbeitern „wirklich und in allen Fällen ein Anteil an dem reinen Gewinn eingeräumt wird" (S. 179). Die Art der Ausführung kann möglicherweise eine verschiedene sein, doch muß, nach Mohls Dafürhalten, an zwei Punkten immer festgehalten werden. Einmal soll der Eigentümer bei der Berechnung des reinen Gewinns eine Abordnung von Seiten der Arbeiter beiziehen und derselben die Einsicht in seine Bücher gestatten, wobei eine Beeidigung auf strengstes Geheimhalten der hierbei erlangten Kenntnisse nötig wäre. Zweitens soll der Gewinnanteil nicht dem laufenden Lohne zugesetzt, sondern je nach Ablauf des Jahres in einer Summe ausgeworfen und verteilt werden. Die Verteilung soll sich nach der Verwendungsart der Einzelnen und nach den Arbeiterklassen abstufen; den Maßstab hierzu würde der gewöhnliche Lohn abzugeben haben. Diese Gewinnbeteiligung sollte durch staatlichen Zwang bei allen Fabriken eingeführt werden.

Mohl geht also insofern noch weiter als Rodbertus, als er damit sogar eine Kürzung der gegenwärtigen „Rente" aus den Fabrikationsunternehmungen vorschlägt. Dieses Minus an Gewinnen wird nun jedenfalls auf die Dauer auch auf die andern Besitzerklassen, also bes. Grundbesitzer, Kaufleute und Leihkapitalisten, zum entsprechenden Teile übergewälzt werden.

Doch hat die Mohl'sche Proposition zwei in die Augen springende Mängel. Er sagt uns weder, welches das staatlich festzusetzende Maß der Gewinnbeteiligung sein soll, noch kommt er überhaupt auf den Gedanken, daß durch Kürzung des laufenden Lohnes die ganze Maßregel zwecklos werden würde.

Man wende nicht ein, daß dadurch ja wieder der Gewinn der Fabrikanten wachse und daher auch in Folge der Gewinnbeteiligung der Anteil des Arbeiters. Man wende dies nicht ein, sage ich; denn wenn dem Arbeiter 1 am Lohn entzogen wird, erhält er durch die Gewinnbeteiligung nur $^1/_{10}$ zurück. Ein Beispiel wird das deutlich zeigen.

Eine Fabrik zahle an Löhnen 10 000 Mark. Ebenso groß sei der Reinertrag des Fabrikanten. Der Staat zwinge ihn nun, dem Arbeiter $^1/_{11}$ des Reingewinnes zu geben. Wenn nun der Fabrikant an Löhnen 1000 Mark abzieht, so wird sein Gewinn nunmehr 11 000 Mark betragen. $^1/_{11}$ des Gewinns muß er an die Arbeiter am Ende des Jahres abgeben, also 1000 Mark, genau so viel, wie er ihnen an Lohn genommen hat; d. h. die Lage der Arbeiter wäre vor wie nach der Gewinnbeteiligung dieselbe. Wenn nun auch dies Beispiel in der Wirklichkeit schwerlich sich finden würde — die Tendenz dazu, glaube ich, würde sich unzweifelhaft zeigen und sich auch im Laufe der Zeit immer mehr Geltung verschaffen.

Uebrigens ist faktisch in der Berliner Messingfabrik des Hrn. Borchert, in der die Beteiligung der Arbeiter am Unternehmergewinn versucht worden, eine dem ziemlich genau entsprechende Lohnverkürzung eingetreten.

Die Arbeiter erhielten statt 5 Taler nur $4^1/_2$ Taler Wochenlohn und am eingreifender Modifikationen, ja vielfach gänzlicher Umschaffung und Kombination mit andern Gedanken, wenn sie je den Anspruch auf Ausführbarkeit erheben wollen. —

Schluß des ersten Jahres 29 Taler als Anteil am Reingewinn (vgl. Meyers „Emanzipationskampf des vierten Standes" I S. 190).

Doch fehlt es auch nicht an einzelnen Beispielen befriedigenden und dauernden Gelingens der Gewinnbeteiligung (vgl. Böhmert, Die Gewinnbeteiligung, Leipzig 1878).

Uebrigens könnte man dem vorerwähnten Uebelstande gegenüber die Forderung aufstellen, daß gesetzliche Lohnminima zu jener Maßregel treten müßten. Zu dem Gedanken der „gesetzlichen Lohnminima" würde auch schon die einfache Erwägung führen, daß keine Industrie wert ist zu existren, die nicht ihren Arbeitern ein menschenwürdiges Dasein gewähren kann. Der Einwand, daß, wenn wirklich ein Industriezweig zum Stillstande gebracht würde, weil er das Lohnminimum nicht bezahlen könnte, unter den heutigen Verhältnissen zunächst ein Teil der Arbeiter der Armenpflege verfallen müßte, dieser Einwand, sage ich, kann nur zu umsichtigem Vorgehen in dieser Frage mahnen.

Es verdient noch erwähnt zu werden, daß Mohl in dem genannten Aufsatz für weitgehende Gesetze zum Schutze der Arbeiter vor Unfällen und Gewerbekrankheiten, für Beschränkung der Kinderarbeit und für einen gesetzlichen Maximalarbeitstag für alle Erwachsenen eintritt.

Die Durchführung dieser Gesetze will er durch sorgsame polizeiliche Ueberwachung der Fabriken und durch strenge Bestrafung der zuwiderhandelnden Unternehmer (nicht nur hohe Geldbußen, sondern auch Gefängnisstrafen, sowie Entziehung der Berechtigung zum Fabrikbetriebe!) gesichert wissen. — Die Frage, ob Rodbertus diesen Aufsatz Mohls in dem „Archiv f. pol. Oek." gekannt hat, glaube ich im bejahenden Sinn beantworten zu müssen, da er in seiner Erstlingsschrift „Zur Erkenntniß" bereits die genannte Zeitschrift erwähnt (a. a. O. S. 174). Doch darf man bei Hervorhebung des Gemeinsamen in Mohls und Rodbertus' Vorschlage auch nicht deren bedeutende Verschiedenheiten übersehen.

Pierer'sche Hofbuchdruckerei. Stephan Geibel & Co. in Altenburg.

FSC
www.fsc.org
MIX
Papier | Fördert gute Waldnutzung
FSC® C083411

Kolibri 360 GmbH
Ferdinand-Jühlke-Straße 7
99095 Erfurt, Deutschland
produktsicherheit@kolibri360.de